玉樞寶經

三空 曺誠佑 編

東洋書籍

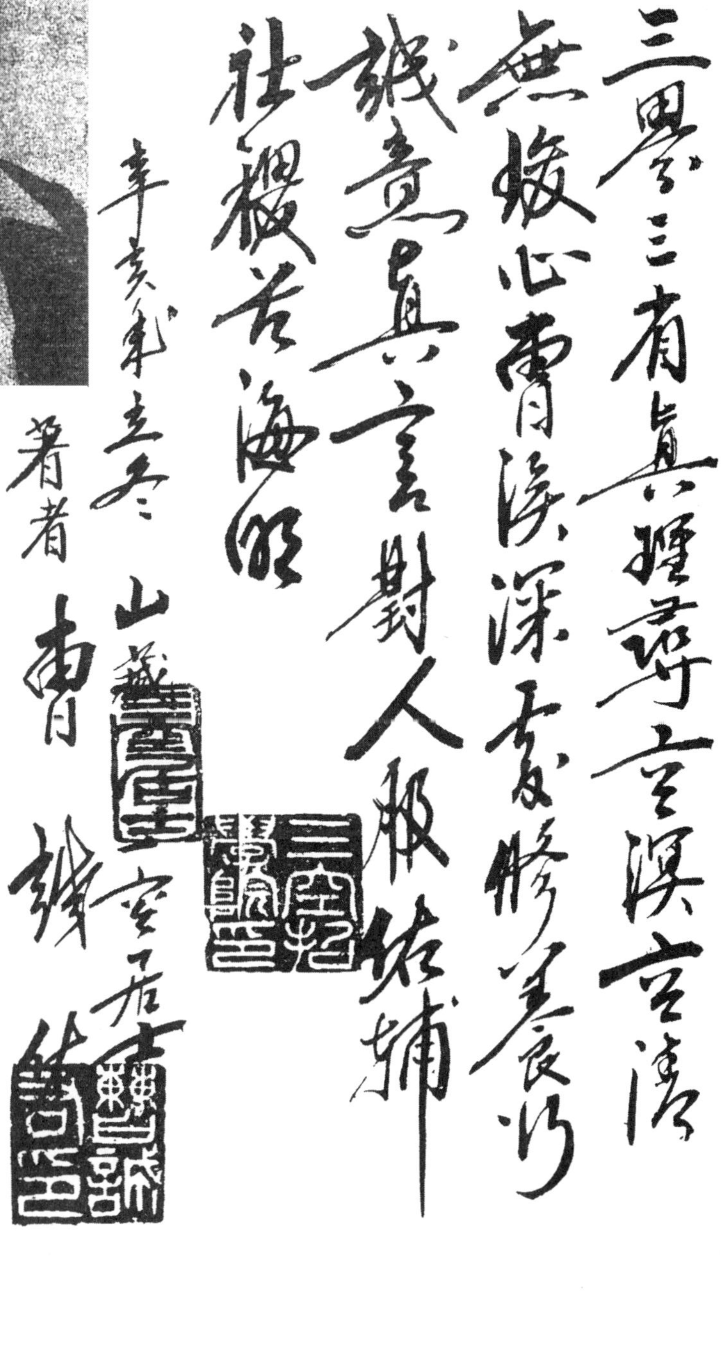
辛亥年立冬
著者

目次

詳密註解 玉樞寶經目次

神將退文
符篆十五道
人　經
續婚合章
善功圓滿章
至心敬禮
高功執水盂啓白
高功道衆各拜跪
禮足各長跪皈命禮儀
至心稽首禮
善功圓滿亦降吉祥靈章

神將退呪
至心皈命禮
十同衆擧步虛頌
高功執手鑪啓白
高功執花瓶啓白
至心朝禮
至心朝禮
至心皈命禮

詳註 家解 玉樞寶經目次 終

玉樞寶經序說

明世宗肅皇帝御製序

易、曰動萬物者、莫疾乎雷、雷於卦、爲震、蓋一陽、生於二陰之下、靜極而動、其聲、虩虩、故聞者、莫不爲之震驚、然、時其聲之發也、勾者以萌、蟄者以奮、若動若植、各遂其生、是其發育之仁、實存乎擊搏之中、而天地之心、於是乎可見矣、朕觀玉樞寶經、以爲

九天應元雷聲普化天尊、上居玉淸之境、總司五雷、攝伏諸魔、以淸淨之心、法廣大之願、凡來世衆生、有學道希仙、釋災解厄者、但能作念稱名、有感必應、如命數之奇蹇、疾病之沉綿、獄訟之困苦、婚姻嗣續之多艱、興修卜築之有犯而致殃、鳥鼠蛇蟲之送妖而嫁孽、淫巫邪覡之魘禱、水浮陸走之弗寧、旱乾水溢之爲害、此經、皆能赦除而消滅之、是即天地鼓雷霆、以生萬物之意也、

而其經之大旨、乃謂無聞無見、爲眞道、忘無可忘、爲至道、知其不知爲自然、則又專以寂靜、爲入道之門、蓋人惟欲動情勝、故罪惡、日積而災戾、隨之、經之所云得非欲學道者、主靜愼動、以爲祈福禳災之本乎、朕以爲是經、亦可以化誘羣蒙、使之避凶趨吉、以同躋於仁壽之域也、故因重録而序諸其端

玉樞寶經說序　終

玉樞寶經重刻

序

玉者天地日月

之精華樞者陰
陽造化之機軸
之要經所以命

君者以顯至霸
王妙之寶鑑
且學之寂重而

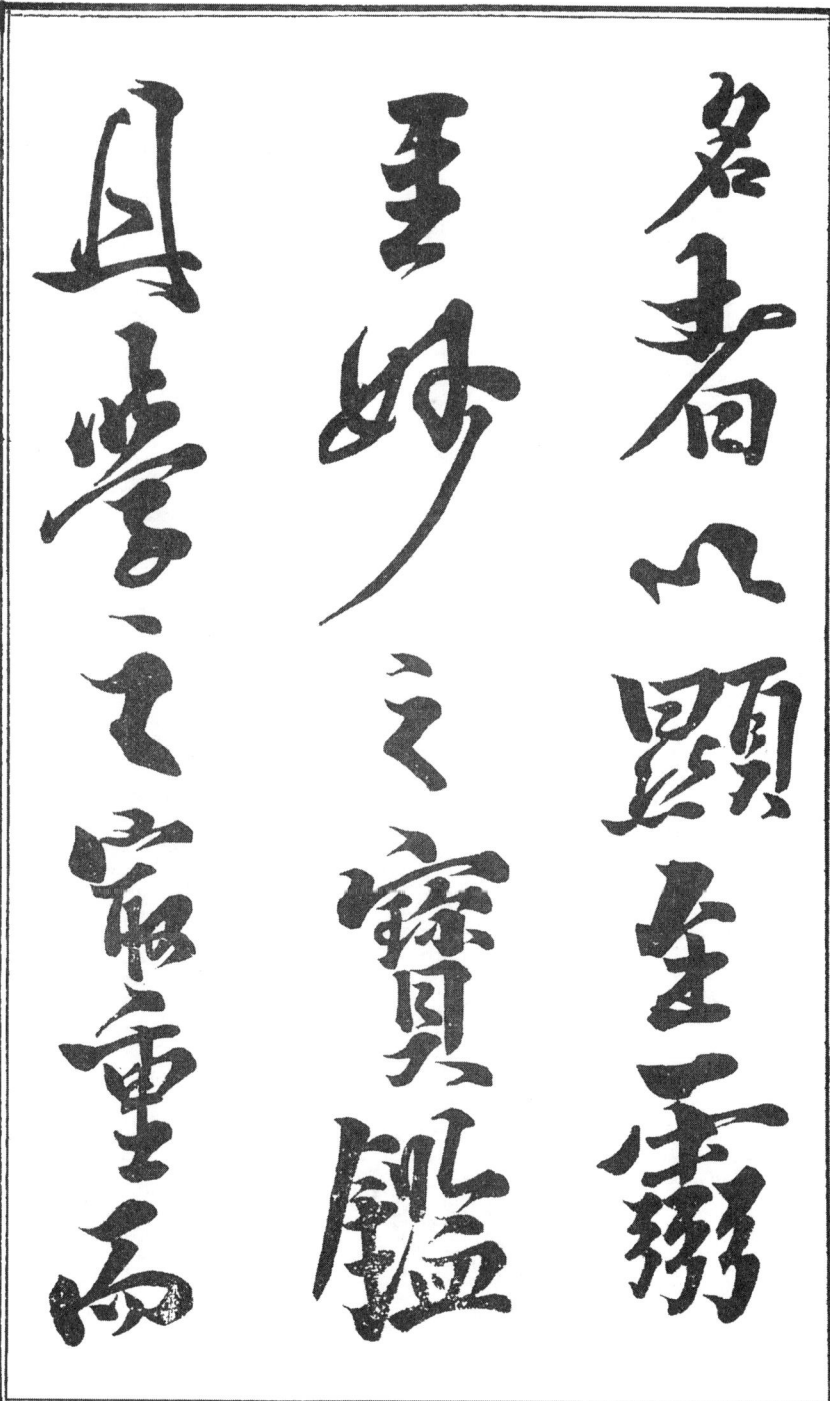

定州叔援瀛州
世丈淮安遊麾
先題之於史集

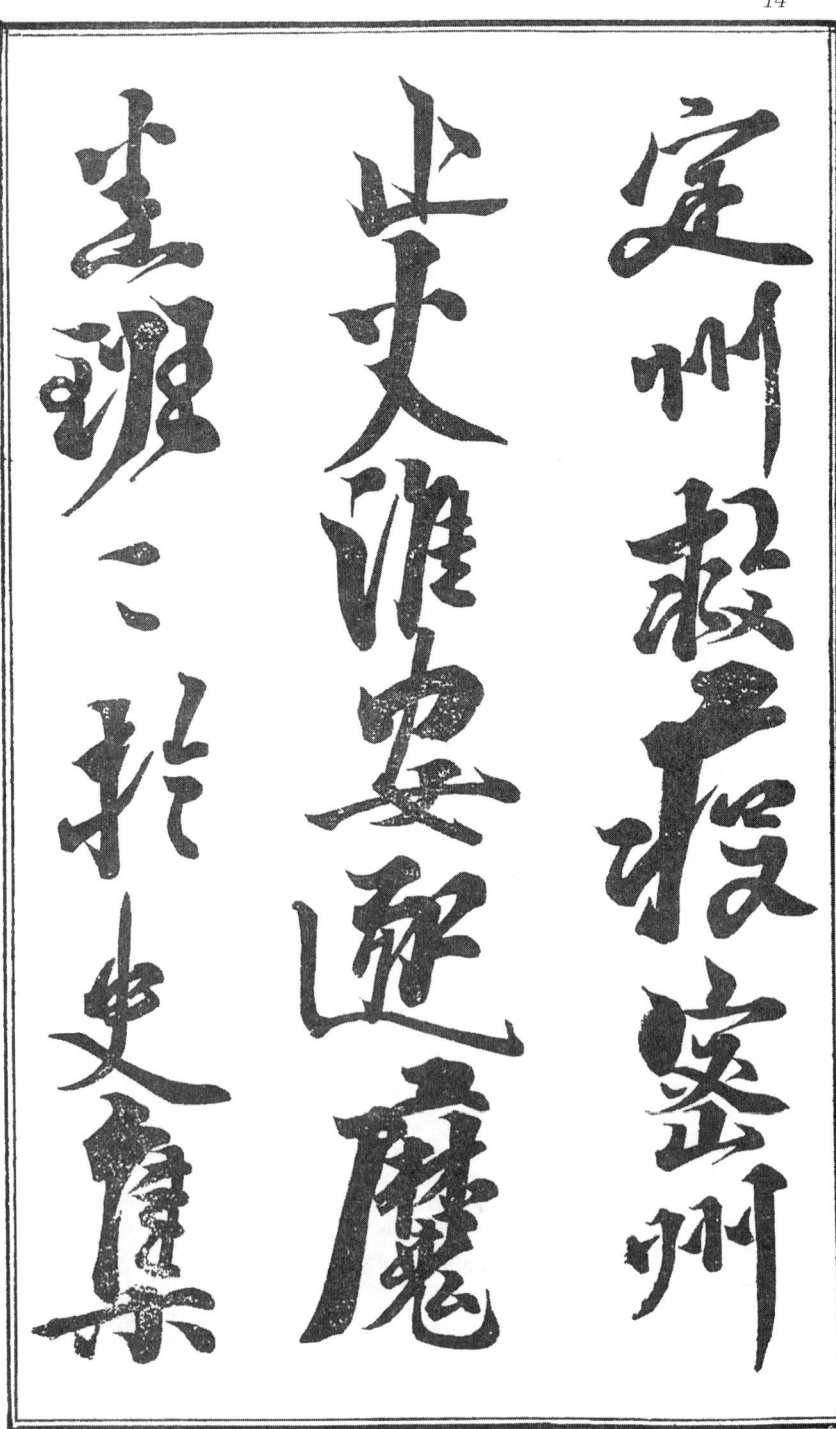

至極寶經之爲書
極寶經而傳之書
世之者也學者

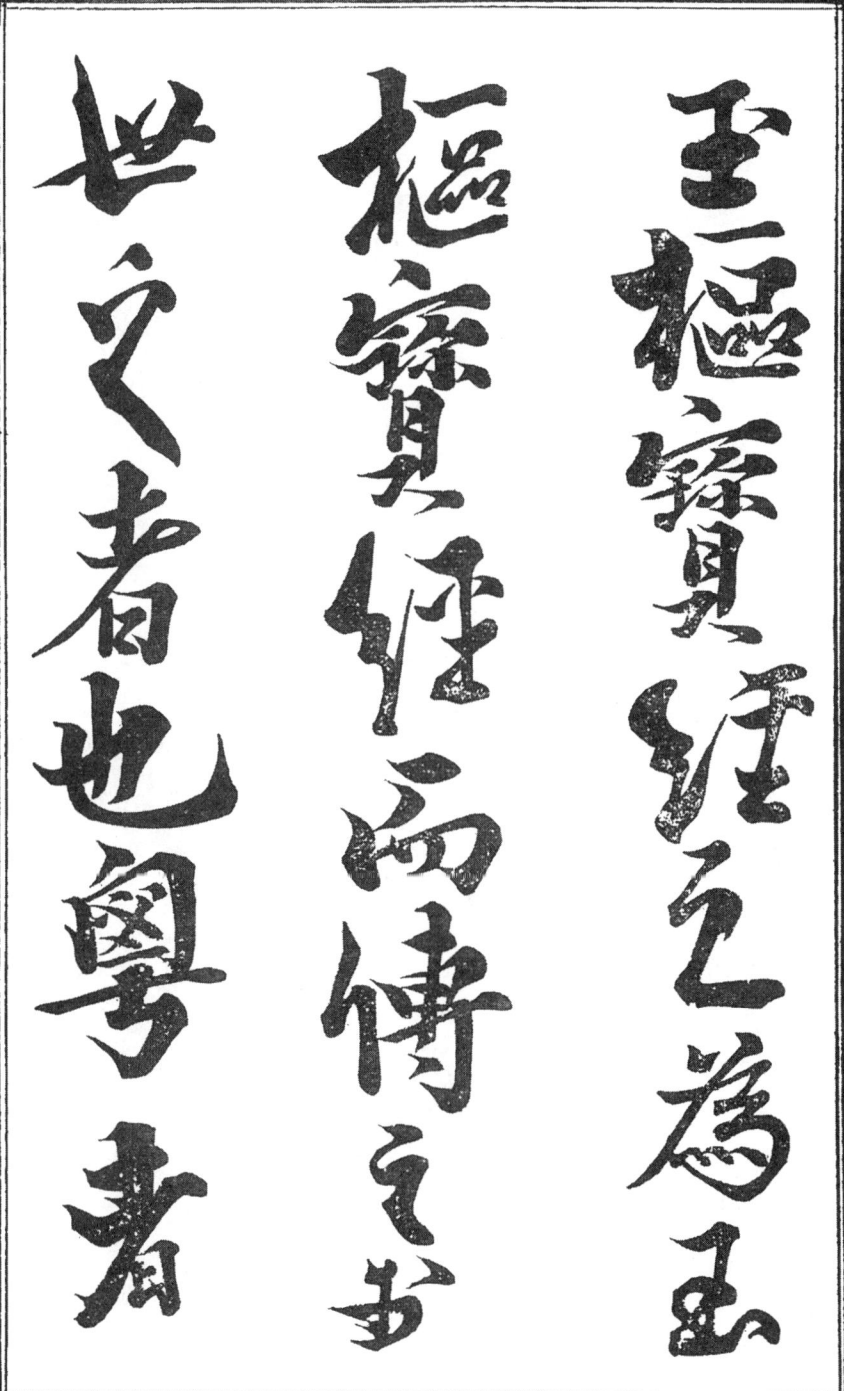

吳解元翻假於
湖南某汲宋徐
西氏重刊于閩

要時有鐵六海春年

得見滿浦擇子

漢城有其時而

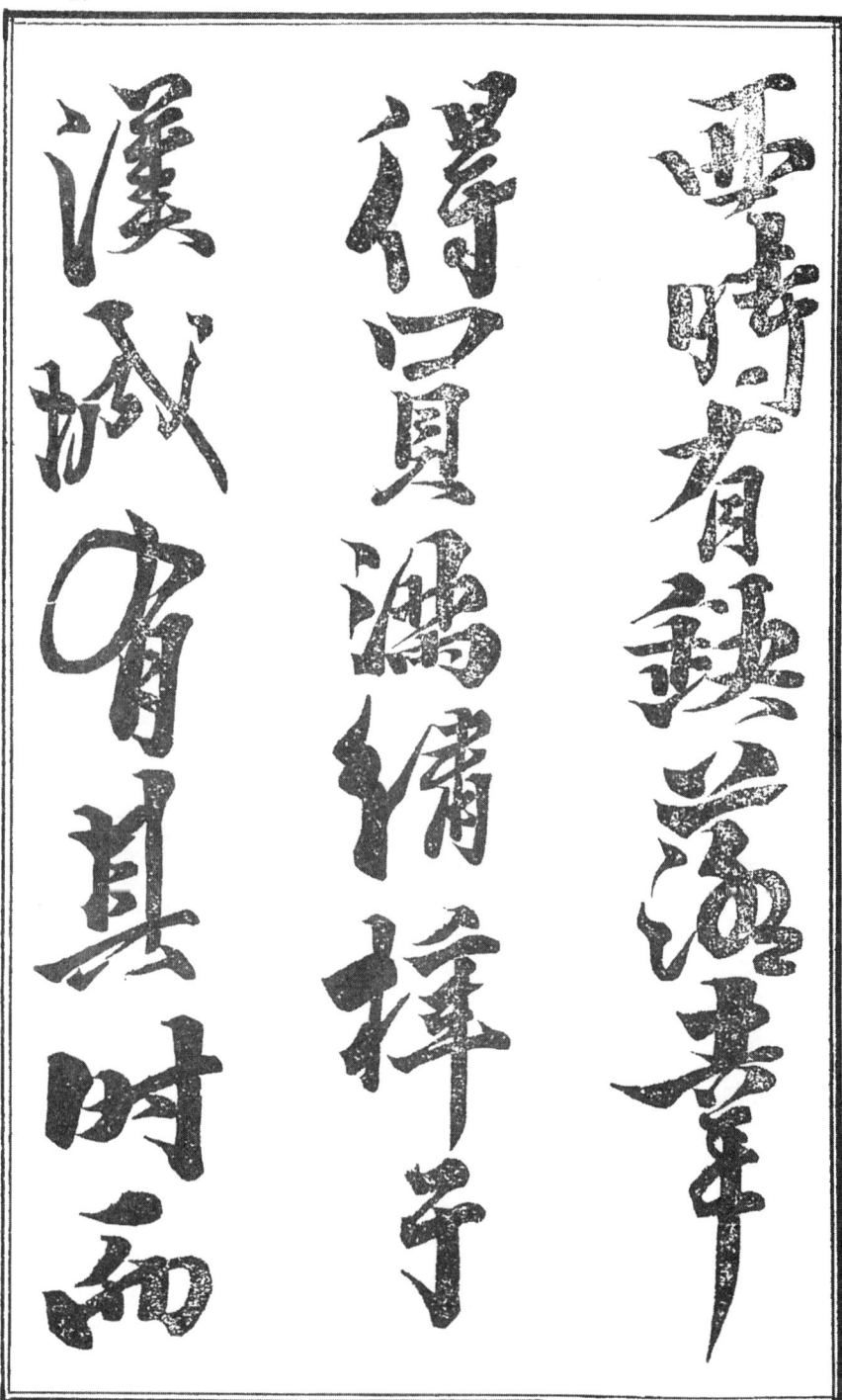

然斷一不覺悠
然歎待其人而
善養重云爾

海東後學
金正喜焚
香謹書

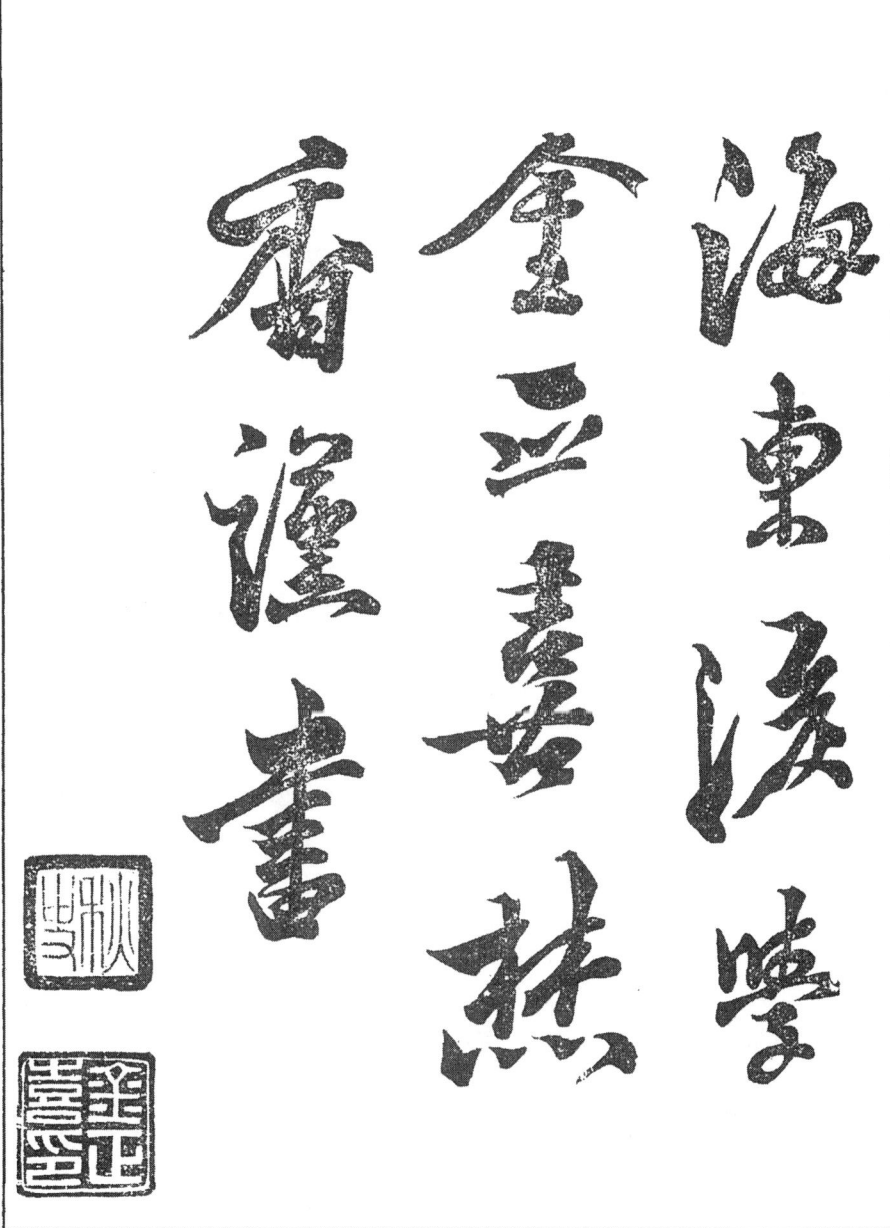

玉樞靈符

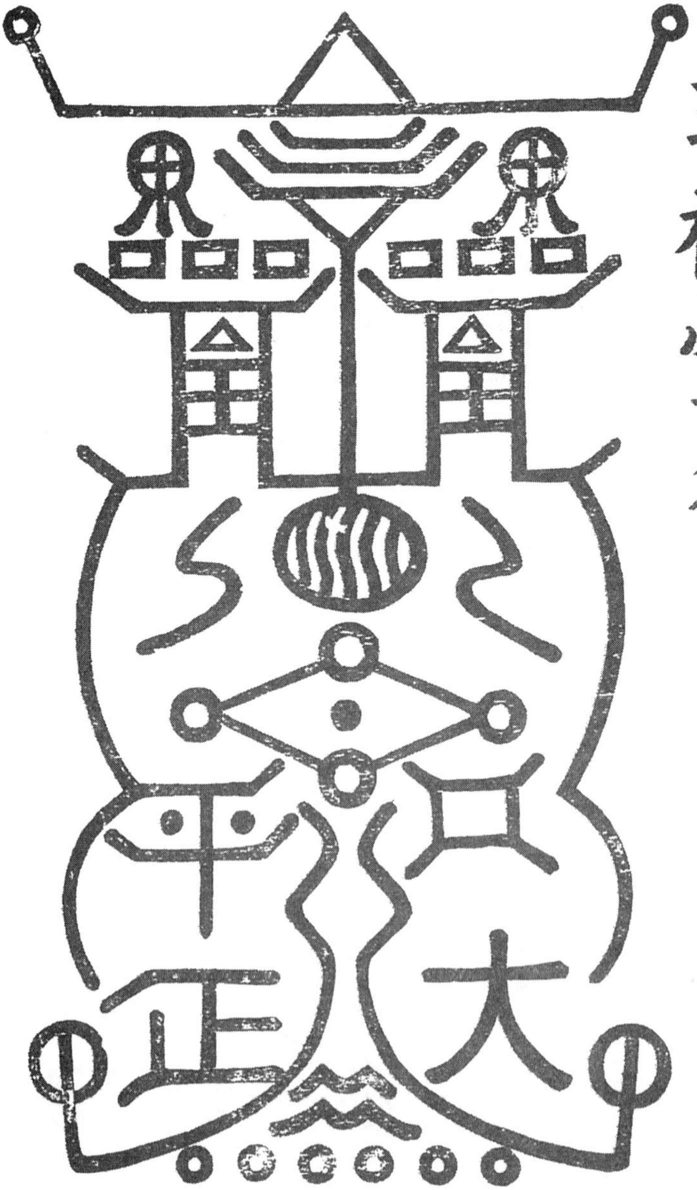

玉樞寶經序

余觀萬物ᄒᆞ니 血氣之屬이 充滿于世ᄒᆞ야 昏闇眞體ᄒᆞ고 逐物起欲ᄒᆞ야 日用動靜而不知大道ᄒᆞ며 以妄從邪而密網自衛ᄒᆞ야 陷於六合ᄒᆞ고 歡賊爲親ᄒᆞ며 心轉萬境을 無有已時ᄒᆞ니 猶如一羊之失路에 歧路疊多로 不可逐得이라 遑遑之間에 失衣珠於萬刼ᄒᆞ고 求憎愛於千秋ᄒᆞ며 貪山情湖에 逍遙一生ᄒᆞ고 塵風業海에 和樂自在ᄒᆞ야 不覺光陰之一抔土ᄒᆞ고 永認尺軀之保億歲ᄒᆞ야 色聲香味는 亂其性ᄒᆞ며 喜怒哀樂은 昧其靈ᄒᆞ고 貪游小慧而旻失大體ᄒᆞ야 即使靈慧哲智로 埋於群陰之闇坑ᄒᆞ며 流沉億古ᄒᆞ야 穢業日重而五苦八難이 循環無息ᄒᆞ며 幻海濁世를 不能脫超라 於是에 天尊이 發大慈悲ᄒᆞ사 無窮造化로 濟拔有情ᄒᆞ사 俾躋仙列케ᄒᆞ시니 其神力之無方은 難以盡擧나 然이나 以畧觀之則降雨露而厚澤ᄒᆞ시며 定五行而示序ᄒᆞ시며 分晝夜而明理ᄒᆞ시며 作警雷而行權ᄒᆞ시나 夫雷者는 群生之木鐸이며 有情之警鍾也라 天以雷로 行肅殺之氣ᄒᆞ시며 地以雷로 成萬類之蕃ᄒᆞ며 人以雷로 覺衆迷之昏ᄒᆞ나니 雷之用은 含衆

妙之成壞ᄒᆞ며 抱萬象之無方ᄒᆞ야 隨其勢而效果亦異ᄒᆞ니 仁者ᄂᆞᆫ 聞雷悟理ᄒᆞ며 惡者ᄂᆞᆫ 聞雷悔心ᄒᆞ며 弱者ᄂᆞᆫ 聞雷勇生ᄒᆞ며 強者ᄂᆞᆫ 聞雷改柔ᄒᆞ고 品物之作曰雷며 品物之止曰雷오 生曰雷死曰雷니 雷之功이 大則建天地育萬物ᄒᆞ고 小則養微蟲榮一時ᄒᆞ니 即非言說所及也라 九天之上에 唯我天尊이 發雷聲而齊物ᄒᆞ시며 設寶經而渡生ᄒᆞ사 降魔斥鬼ᄒᆞ시며 除妖滅孽ᄒᆞ시고 種因設緣ᄒᆞ사 證過去而報來世ᄒᆞ시며 彰善行而加福ᄒᆞ고 警惡業而示苦ᄒᆞ사 使誠者로 消災ᄒᆞ며 修者로 覺道ᄒᆞ시니 在世生靈아 勿染塵欲ᄒᆞ고 誠深修鍊ᄒᆞ야 打破諸疑ᄒᆞ며 滌盡白塵ᄒᆞ고 一躍火器면 萬象이 同歸一源ᄒᆞ야 金銀銅鐵은 融於一金ᄒᆞ며 豆米黍粟은 香連一味ᄒᆞ고 天上人間이 是吾腹中이며 億變萬化가 不移于掌ᄒᆞ며 三十六天이 羅列念中ᄒᆞ리니 此經大旨가 庶不差毫釐於斯矣ᄒᆡ라

時維壬戌仲春上辛日

禪杖所指

三山賣鳥

秋汀 崔秉斗 序

玉寶樞經凡例

一、凡誦經時에 必先奉玉樞靈符於正東ᄒ며(或壁上에掛之) 洗心遠慾ᄒ야至誠齋戒ᄒ며嚴正衣冠ᄒ고澄心正氣ᄒ며大則開建道壇ᄒ고小則淨掃堂舍ᄒ며設花水盤ᄒ고 焚香作禮ᄒ며 叩齒七遍ᄒ고淨心神呪로 爲始ᄒ야至說寶經章으로爲限ᄒ고調聲念誦ᄒ고存想

天尊寶相ᄒ며課誦天經(淨心呪로爲始至說寶經章)三遍或七遍ᄒ고誦畢에所希所願을隨ᄒ야地經十五章中(自學道希仙章으로寶經功德章十五中)에 一章만三七遍或七七遍을誦後一章에當ᄒᆫ符篆을 焚祝ᄒ고且寶偈章報應章(上下)을誦後에神將退文을 三遍을誦ᄒ며呪文을三七遍을誦ᄒ야畢壇后에默念

天尊寶相ᄒ면自然感應ᄒᄂ니라

一、地經十五章은所願을從ᄒ야 一章만誦ᄒ며全部는不誦ᄒᄂ니라

一、地經十五章中一章을誦ᄒᆯ時에必先天經을上法과如히敬誦ᄒᄂ니라

一、神將退文은何時던지畢壇時에誦念ᄒᄂ니라

一、玉樞靈符를若不奉安이면不得誦經ᄒᆞ고如或輕慢ᄒᆞ면天譴이有ᄒᆞᆯ지라

一、香은降眞香、沉香、白檀香을用ᄒᆞᄂᆞ니라

一、人經은禮儀이니志道之士가

天尊聖像을奉安커나或玉樞靈符를奉安ᄒᆞ고設壇ᄒᆞ야朝夕으로壇前에서誦ᄒᆞᄂᆞᆫ지어며

或祭需로致誠ᄒᆞᆯ時에誦ᄒᆞᄂᆞ니라

一、禮儀ᄒᆞᆯ時ᄂᆞᆫ天經의初頭에在ᄒᆞᆫ開經讚과啓請頌을先念ᄒᆞᄂᆞ니라

一、志道之士ᄂᆞᆫ每月初六及辛日마다聖誕六月二十四日에設壇ᄒᆞ고致

齋ᄒᆞᄂᆞ니라

一、人經을誦ᄒᆞᆯ時ᄂᆞᆫ神將退文을不念ᄒᆞᄂᆞ니라

一、玉樞寶經을家中에置ᄒᆞ면一切災難이不侵ᄒᆞ며鬼魔가遠遁ᄒᆞᄂᆞ니라

一、誦經志道之士ᄂᆞᆫ第一魚肉及五辛一切有情之物을勿食ᄒᆞ라此ᄂᆞᆫ

仙家之大忌니라

一、凡人이災難消滅로讀經커든讀經日及前後三日을齋戒ᄒᆞ며魚肉五

辛을嚴禁ᄒᆞ라

一、所求希願으로誦經焚符ᄒᆞᆯ時ᄂᆞᆫ天地經에吐音을拔去ᄒᆞ고諺文되로敬誦ᄒᆞᆯ지니라

一、玉樞符ᄂᆞᆫ道家之希寶也니當誠心敬之오如或慢忽이면必被神責ᄒᆞ리라

一、玉樞符ᄂᆞᆫ槐黃紙에寫奉ᄒᆞ되甲子時에正衣冠ᄒᆞ고向東ᄒᆞ야淨水焚香ᄒᆞ고叩齒三七遍ᄒᆞ며天尊寶相을默想ᄒᆞ고呪文을誦ᄒᆞ며鏡面朱砂로寫奉ᄒᆞᄂᆞ니라

玉樞符를寫奉ᄒᆞᆯ時에孝子와女人을忌ᄒᆞᄂᆞ니라

呪曰

僔鐠唻囒相磪能䨭𨻶將鍸

됴 휴 라 리 시 뢰 박 산 심 장 진

玉樞符를若不奉安ᄒᆞ고誦經ᄒᆞ면神明의靈感이無ᄒᆞ니라

玉樞符ᄂᆞᆫ若不甲子時에寫奉이면靈感이無ᄒᆞ니라

誦經時에玉樞符를正東에奉安ᄒᆞ고焚香禮拜ᄒᆞ며甲子時에庭中에서北斗를向ᄒᆞ고焚之ᄒᆞᄂᆞ니라

志道之士ᄂᆞᆫ玉樞符를常常奉安ᄒᆞ며淨囊에玉樞符를常帶ᄒᆞ면三災八難이不

侵ᄒᆞ며 鬼邪가 遠遁ᄒᆞ고 凡夫가 常務ᄒᆞ면 諸厄이 消滅ᄒᆞᄂᆞ니라

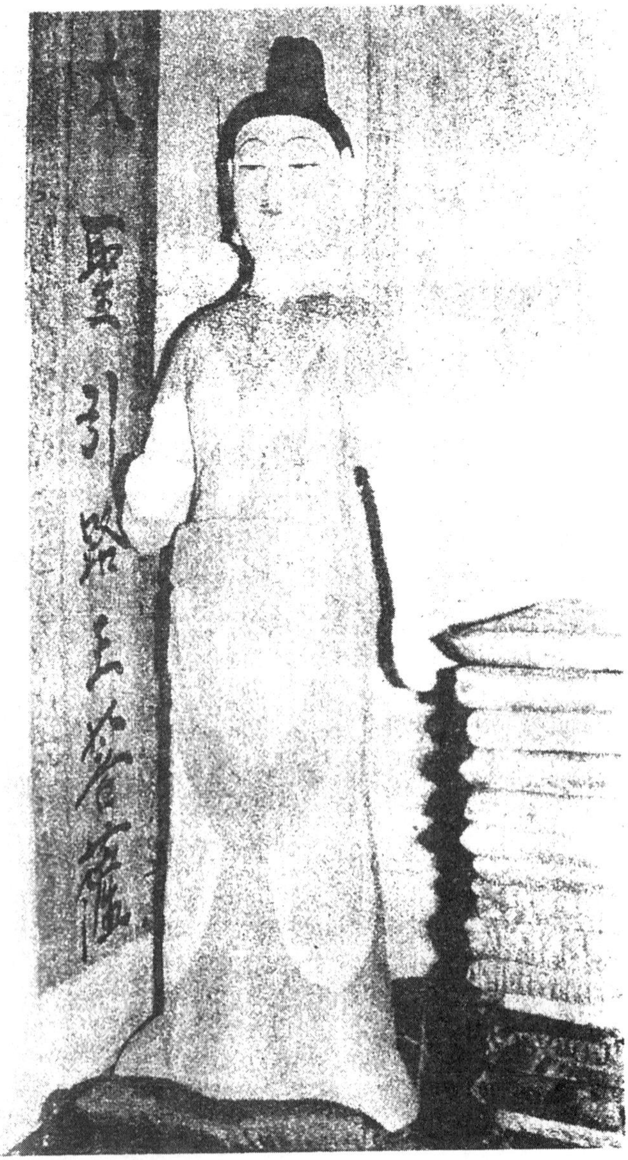

玉樞寶經證讚

瀛壺玄楷子 譔

天不言、何有是經也、天無體而鬼神、著造化之跡、天有心而上帝任主宰之名、天果言乎、果不言乎、蓋人之生也、莫不稟受於造化而有主宰者、必命令焉、凡四大七佐三綱六紀許多之善、皆命令也、無命令、無稟受、無稟受、人不生、天若不言、其命令以賜與者、果誰爲也、化生之初、人無知覺、故自不能聞於天、天豈眞無言乎、人之賦氣也、淸微而濁衆、故賢者少、愚者多、蒙不端、長愈靡、其爲惡甚者、慢天而笑之曰彼蒼蒼之上、果有鬼神乎、果有上帝乎、吾未知也、而肆然而無忌憚者、滔滔是矣、故皇天、時發雷霆、大施神威、鼓以興之。警以動之、小而嗔遞、大而殲滅、天果無言乎。然爲惡不悛者、則亦以爲雷是適然耳、何其可哀也哉、先哲、有言曰、天語之至小而人不可聞、者理也、天語之至大而萬物同聽者、哉、雷也、誠是言也、余續之曰、理者、所以發其雷也、雷者、所以行其理也、合以言之、皆上帝之玉音也、欽惟我普化天尊、任一天九氣之化、主三界萬彙之權、大德曰生、神武曰威、開神霄應元之府、設五雷正法之司、將軍、使者、糾錄、廉訪諸神、分掌庶績而使雷師皓翁、統率焉、天尊之所自任、如是其廣大、雖欲不言、其可得乎、天尊之言、不可漫傳、亦不可無述、是以雷師皓翁、奉承天尊之教、退而記之、著爲此經、藏之玄奧、守之珍秘、其傳於人世、則未知始於何代也、謹稽經文至要而至博、綸綸浩浩、不可尙已、其正經第七章一百四十一字、實輸五千言道德、其下經第四章一百三十八字、可抵八萬亐禪藏、其十四章十八條目、儒門之禮制三千、亦不外是矣、其他章之訓、亦莫非日用剴切之事也、可不敬哉、可不信哉、至於篆符十五章、皆九天深秘之文而雷師之所演繹標用者也、亦可不愼奉而珮服也耶、又有眞仙、互相註解、經旨燦然、可得人曉而戶奉、凡我同胞之人、自今以後、敬受此經、濁者、變而淸、愚者、勉而賢、無復有慢天之不言而恣行其不善也、玉樞命名之義、金篆奉行之法、前人之釋、已明、不必架論也、又曰、衆生昏癡、雖讀此經之文而常以天事、爲幽遠難信、故徒知鬼神之爲上帝 而不知上帝之實爲天尊也、抑雖知天尊之爲上帝、而亦不知天尊上帝之命令、自有諄諄焉、綣々焉、懲惡護善之不已也、豈不大哀乎哉、余晩遇是經、奉讀有年、管窺之所悟也、有如是者、故謹撮其要義、敢書于卷端、以勸夫後士之如我鹵薄者、讀無所疑臆而一變、可以至道也云爾

玉樞寶經證讃 終

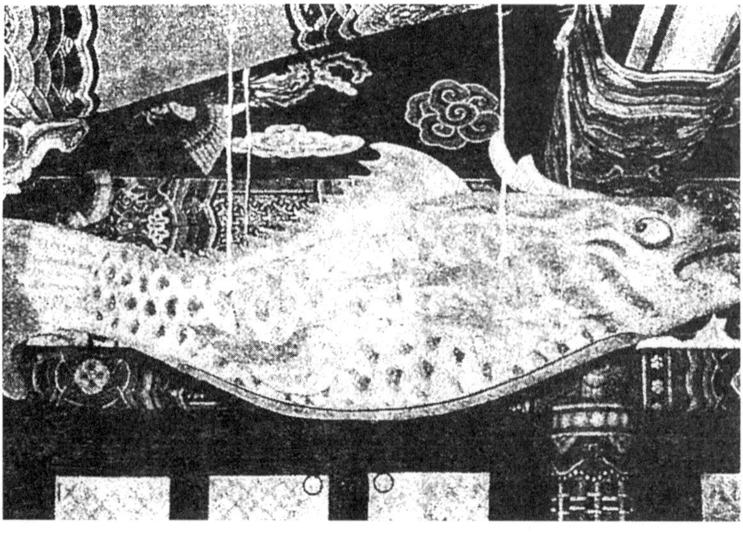

開經讚
(개경찬)

善哉普化君 昔在玉淸天 宴坐七寶臺 普集諸天仙 玉樞至道旨 細
(선재보화군 석재옥청천 연좌칠보대 보집제천선 옥추지도지 세)

議說重玄 雷師親請問 天尊金口宣 淸淨廣大願 利益無有邊 眞忘
(의설중현 뢰사친청문 천존금구선 청정광대원 리익무유변 진망)

道惟一 秘賾不可傳 天龍神鬼衆 悉使超渙然 知微慧光生 知謹聖
(도유일 비희불가전 천룡신귀중 실사초환연 지미혜광생 지근성)

智全功德 不思議報應 顯因緣 冥心今課誦 頫顊三寶前
(지전공덕 불사의보응 현인연 명심금과송 부신삼보전)

啓請頌
(계청송) 齋期每月初六及辛日 聖誕六月二十四日

神霄雷祖帝 九天普化君 談道趺九鳳 持法騎麒麟 統攝聖嶽將 掌
(신소뢰조제 구천보화군 담도부구봉 지법기기린 통섭성악장 장)

令判雷霆 三辛逢初六 察人善惡情 消災並度厄 稱名誦寶經
(령판뢰정 삼신봉초륙 찰인선악정 소재병도액 칭명송보경)

齋期每月初六及辛日○聖誕六月二十四日○紫檀香○降眞香○丹香方胤丹四錢九分蘇合香三錢青木香安息香犀角錺

白檀香各二錢四分辟邪香羚羊角各一錢二分巢膏和丸小豆大端午臘日合製聽用辟邪療病○神農皇帝辟穀方茯苓水洗去

皮膜搗末浸酒封固百日後服七寸一年易體二年換骨三年臘化爲筋亦可長生○孔子大聖枕中丹敗龜板酐炙白龍骨研

末入雞腹煮一宿遠志去心苗九節菖蒲去毛各等分
細末蜜丸兩作十丸每一丸日三溫酒化下一方散服

淨心神呪
정심신주

太上台星應變無停驅邪縛魅保命護身智慧明淨心神安寧三魂
태상태성응변무정구사박미보명호신지혜명정심신안녕삼혼

永久魄無喪傾
영구백무상경

淨口神呪
정구신주

丹朱口神吐穢除氛舌神正倫通命養神羅千齒神卻邪衛眞喉神
단주구신토예제분설신정륜통명양신라천치신각사위진후신

虎賁氣神引津心神丹元令我通眞思神鍊液道氣長存
호분긔신인진심신단원령아통진사신련익도긔장존

淨身神呪
정신신주

靈寶天尊安慰身形弟子魂魄五藏玄冥青龍白虎隊仗紛紜朱雀
령보텬존안위신형뎨자혼백오장현명청룡백호대장분운쥬작

玄武侍衛吾身
현무시위오신

安土地神呪
안토디신쥬

元始安鎭普告萬靈嶽瀆眞官土地祇靈左社右稷不得妄驚回向
원시안진보고만령악독진관토디기령좌사우직불득망경회향

正道內外肅淸各安方位備守壇庭太上有命搜捕邪精護法神王
정도내외숙청각안방위비수단정태상유명수포사정호법신왕

保衛誦經皈依大道元亨利貞
보우송경귀의대도원형리정

淨天地解穢神呪 主儀以三山訣擊水盂 遶壇灑水以淨壇界
정텬디해예신쥬

天地正明穢氣分散洞中玄虛晃朗太元八方威神使我自然靈寶
텬디정명예긔분산동중현허황랑태원팔방위신사아자연령보

符命普告九天乾羅答那洞罡太玄斬妖縛邪度鬼萬千中山神呪
부명보고구텬건라답나동강태현참요박사도귀만천중산신쥬

元始玉文持誦一遍卻病延年按行五嶽八海知聞魔王束手侍衛
원시옥문지송일편각병연년안힝오악팔해지문마왕속슈시위

我軒凶穢消蕩道氣常存
아헌흉예소탕도긔상존

金光神呪 內喃至情三十六雷隱 名未授職人不可經誦
금광신쥬

天地玄宗萬氣之根廣修億劫證我神通三界內外惟道獨尊體有
텬디현종만긔지근광슈억겁증아신통삼계내외유도독존톄유

金光覆映吾身視之不見聽之不聞包羅天地養育羣生受持萬遍
금광부영오신시지불견텽지불문포라텬디양육군싱슈지만편

身有光明三界侍衛五帝司迎萬神朝禮役使雷霆鬼妖喪膽精怪
신유광명삼계시위오뎨사영만신조례역사뢰정귀요상담정괴

亡形內有霹靂雷神隱名啼嚉嗄嚌嚱嚬嘽嗗咔唦咭唎嚧哼嚁嗶
망형니유벽력뢰신은명제발경울기히란왈홈파결리허톤운필

嘰嚜哆啹嚕嗔唏咈嚥噂𠯫嚀嚋呼嚨吃嗄囉嚗囆準敕奉行洞慧
기매치오루진회불연존억역슈호살홀도라박리준측봉힝동혜

交徹五氣輝騰金光速現覆護眞人
교철오긔휘등금광속현부호진인

祝香神呪
축향신쥬

香乃玉華散景九氣含烟香雲密羅逕衝
향니옥화산경구긔합연향운밀라경충

九天侍香金童傳言玉女爲 臣 通奏上聞
구텬시향금동전언옥녀위신통주상문

帝前令 臣 所啓感賜如言道由心學心假香傳香爇玉鑪存心
계전령신소계함사여언도유심학심가향전향설옥로존심

帝前眞靈下盼仙旆臨軒令 臣 關告逕達
뎨전진령하반션패림헌령신관고경달

九天
구텬

四十八將請

萬法教主 만법교쥬

東華教主 동화교쥬

大法天師 ᄃᆡ볍텬사

神功妙濟許眞君 신공묘제허진군

弘濟丘天師 홍제구텬사

許靜張天師 허정장텬사

旌陽許眞君 정양허진군

海瓊白眞人 ᄒᆡ경ᄇᆡᆨ진인

洛陽薩眞人 ᄅᆞᆨ양살진인

主雷鄧天君 쥬뢰등텬군

判府辛天君 판부신텬군

飛捷張天君 비쳡장텬군

月孛朱天君
洞玄教主辛祖師
淸微教主祖元君
淸微教主魏元君
洞玄傳教馬元君
混元教主路眞君
混元教主葛眞君
神霄傳教鍾離眞仙
神霄傳教呂眞仙
火德謝天君
玉府劉天君
寧大天君
任大天君

월픽쥬텬군
동현교쥬신조사
청미교쥬조원군
청미교쥬위원군
동현젼교마원군
혼원교쥬로진군
혼원교쥬갈진군
신소젼교종리진션
신소젼교녀진션
화덕사텬군
옥부류텬군
녕ᄃᆡ텬군
임ᄃᆡ텬군

雷門苟元帥 뢰문구원슈
雷門畢元帥 뢰문필원슈
靈官馬元帥 령관마원슈
都督趙元帥 도독됴원슈
虎丘王元帥 호구왕원슈
虎丘高元帥 호구고원슈
混元龐元帥 혼원방원슈
仁聖康元帥 인셩강원슈
太歲殷元帥 ᄐᆡ셰은원슈
考校党元帥 고교당원슈
酆都孟元帥 풍도ᄆᆡᆼ원슈
翊靈溫元帥 익령온원슈
糾察王副帥 규찰왕부슈

先鋒李元帥 션봉리원슈
猛烈鐵元帥 밍렬쳘원슈
風輪周元帥 풍륜듀원슈
地祇楊元帥 디기양원슈
朗靈關元帥 랑령관원슈
忠翊張元帥 츙익장원슈
洞神劉元帥 동신류원슈
豁落王元帥 활락왕원슈
神雷石元帥 신뢰셕원슈
監生高元帥 감싱고원슈

奏啓文(주계문)

三寶至尊、神霄玉府、玉樞經內、無鞅眞靈、伏望證盟、容伸誦詠、
(삼보지존 신소옥부 옥츄경닋 무앙진령 복망증명 용신송영)

이금모조광신봉도데자신성명복위보안삼보자검불위텬하선
以今、某日(某節日)良辰、奉道(某籙 모록)弟子(臣)姓名、伏爲(保安某事 모사)三寶慈儉、不爲天下先、

족탁 足卓 某人 모인

간송옥추보경앙긔시화세풍민안국틔차원강복연싱양
看誦玉樞寶經、仰祈時和歲豐、民安國泰、次願降福延生、禳

저사과깅급텬룡귀신사싱륙도보텬솔토수틱쳥은여상승
災謝過、更及天龍鬼神、四生六塗、普天率土、受澤霑恩、如上勝

인앙긔
因、仰祈

소황
昭貺

옥쳥원시텬존
玉清元始天尊

상쳥령보텬존
上清靈寶天尊

틔쳥도덕텬존
太清道德天尊

삼쳥삼경텬존
三清三境天尊

뢰성보화텬존
雷聲普化天尊

九天應元府眞靈聖衆大道不可思議功德
구천응원부진령성중대도불가사의공덕

開經玄蘊呪 即天皇神呪
개경현온주

天皇天皇、普化十方、無禱不應、無求不禳、釀陽醞陰、萬古垂光、
천황천황 보화십방 무도불응 무구불양 양양온음 만고수광

順吾者亨、逆吾者亡、玉文寶篆、誦之吉昌、司命守護、不得隱藏、
순오자형 역오자망 옥문보전 송지길창 사명수호 부득은장

急急如
급급여

九天普化玉淸眞王律令
구천보화옥청진왕률령

玉音寶呪
옥음보주

玉山上京、金闕玅庭、管鑰星斗、出內雷霆、紫微守戶、玄天侍屛、
옥산상경 금궐묘정 관약성두 출납뢰정 자미수호 현천시병

大開慧眼、照徹幽冥、神飛秋月、水結寒氷、麒麟應化、鸞鳳和鳴、
대개혜안 조철유명 신비추월 수결한빙 기린응화 란봉화명

掌玉之樞、司天之刑、謗道者死、扶敎者生、忠臣孝子、加以祿命、
장옥지추 사천지형 방도자사 부교자생 충신효자 가이록명

奸邪惡鬼、特以剪形、主持戹難、經綸將兵、九陽九曜、三界分明、
간사악귀 특이전형 주지액난 경륜장병 구양구요 삼계분명

誦詠拜祝、天下泰平
송영배축 천하태평

玉樞寶經註觧天集

海瓊白眞人註觧
祖天師張眞君義著
五雷使者張天君釋訓
純陽孚佑帝君讚頌
秋汀崔秉斗講意

正經

구천응원뢰성보화천존설옥추보경

九天應元、雷聲普化天尊、說玉樞寶經

註曰 九者、陽數也、乃天道也、主於震宮、故、東南、有九氣之說也、即雷師出入之地也、天者、至大至聖、無極無爲之氣也、應者、無物不承天命而生也、元者、至大也、又曰萬善之長也、乃四時之首也、五行之先也、雷者、乃天令也、掌生生殺殺之權、動靜、人莫可測、萬神之奉行也、聲者、生也、萬物、得雷震聲而萌也、又曰天不言、以雷、代言也、普者、上天下地、四維八荒、無形有形也、化者、天道陰陽運行則爲化、又自無而有、自有而無則爲化、萬物、生息則爲化、老予云我無爲、而民自化、又云以德化是也、天尊者、至大至貴之稱也、說者、讚揚也、闡發也、解隱釋奥也、玉者、天地日月之精華、陰陽水、火之結秀也、潤而濕、寶而貴、萬載之不可朽滅也、樞者、機也、輕

經者、徑也、乃修眞大道之要路也、也、乃生殺之始由也、寶者、珍重也、

明矣

義曰 斯經、以玉樞而名者、乃天地之消息、陰陽之動靜也、九數、乃乾元用九之說、而善化天尊、居其上、爲三界之尊、十方之靈

釋曰 天尊、發願、廣大、化及群生、其德、不可量而機、不可測也、故、以雷聲、代化、玉樞、爲衡則善善惡惡、殺殺生生、皆聽於九氣之眞王、所以三界萬靈、十方諸天、莫不皆讚我天尊之元化也

讚曰 祖氣氤氳滿太虛、九天元是九天居、隱雷役雨飛金篆、活物生人備玉樞、三界有情同得道、十方無路不通車、大哉普化明元始、日月齊光信不歷

雷字章第一

爾時、九天

註曰 九天者、四方四維中央、乃統三十六天之總司也、始因東南九氣而生、正出雷門、所以掌三十六雷之令、受諸司府院之印、生善殺惡、以順人情、蓋以九天之名者、取其陽剛而不混者之謂也

義曰 九天、雖曰乾歛陽剛而不柔、實乃九氣之生處也、於是、結英聚靈、成我玉清眞王之化形也

釋曰 是時、九氣成形、結爲九天、九天、乃在三十六天之上、十方三界之祖氣也、所以用九之故、其氣、元本乎三清之體、而用乎三

九天之名、宜矣

讚曰 九天九天、玄之又玄、忽附我後、倏焉我前、

秋汀講曰 附時、天尊與諸仙大衆設經之時、九天者、數之始曰一、數之終曰九、一之前、無稱、九之後、無數、今曰九天者、合一、諸天而總稱名焉、蓋天有八方上方下方、合十方、天、每方、有六十六天、然則十方天數、總有三百六十天、故於日月數、有三百六十度、應三百六十天也、凡人受天靈明之氣而生、故有三百六十骨節、每一天、無數億諸仙、各隨所司而備、九天之名、十方諸天、咸擧而稱也

應元

註曰 仰惟元始祖、切一氣分眞玉淸、眞王應元之體

義曰 天地二氣、陰陽五行、上布下流、無一物不承天命而得陰陽之氣、以所生也、故曰應元、何疑哉

釋曰 天陽地陰、理之然也、盖我天尊、生乎陽而居於天、其健而剛、也、所以萬物生乎地也、莫不皆聽命於天尊、使物物各得其宜、

世人不知其故而本元、皆出乎天尊之餘氣也、天尊、欲人人、皆爲天尊者、何故、惜其氣而應其本元之妙道也

讚曰 一氣雖分陰與陽、玉淸高處化眞王、上天下地能相合、闡敎分形徧十方

秋汀講曰 萬物之宗曰人、人之宗曰神、神之宗曰靈、靈之宗曰天、天者、諸陽之首、諸陽、萬理之所由行也、能生能殺能成、

能壞、源乎天而始發、顯乎陰陽五行之元理、如人之四肢百骸、聽命於泥丸、耳目口鼻之動作、生矣

雷

註曰 陰陽二氣、結而成雷、既有雷霆、遂分三部、隸九天雷祖、因之以剖析、爲五、屬神霄眞王、用之、以宰御三界、眞王所居、神霄玉府、其道在乎巽、巽者、天中之地也、東南、乃太陽之氣、結清朗光、元始父祖、化神霄玉清眞王玉府、在碧霄梵氣之中、去雷城二千三百里、雷城、高八十一丈、左有玉樞五雷使院、右有玉府五雷使院、天有四方四隅、分爲九霄、惟此一霄、居於梵氣之中、在心曰神、故曰神霄、乃眞王按治之所、天尊臨蒞之都、君師使相列職、分司主天之災福、持物之權衡、掌物掌人、司生司殺、撿押啓閉、管鑰生成、上自天皇、下至地帝、非雷霆無以行其令、大而生死、小而枯榮、非雷霆、無以主其政、雷霆、政令、其所隸焉、三清上聖、雷霆祖也、十極至尊、雷霆本也、昊天玉皇上帝、號令雷霆也、后土皇地祇、節制雷霆也、北極、紫微大帝、掌握五雷也、五雷者、天雷、地雷、水雷、龍雷、社令雷、又有十雷、一曰玉樞雷、二曰神霄雷、三曰大洞雷、四曰仙都雷、五曰北極雷、六曰太乙雷、七曰紫府雷、八曰玉晨雷、九曰太霄雷、十曰太極雷、又有三十六雷、一曰玉樞雷、二曰玉府雷、三曰玉柱雷、四曰上清大洞雷、五曰火輪雷、六曰灌斗雷、七曰風火雷、八曰飛捷雷、九曰北極雷、十曰紫微璿樞雷、十一曰神霄雷、十二曰仙都雷、十三曰太乙轟天雷、十四曰紫府雷、十五曰鐵甲雷、十六曰邵陽雷、十七曰欻火雷、十八曰社令蠻雷、十九曰地祇鴉雷、二十曰三界雷、二十一曰斬壙雷、二十二曰大威雷、二十三曰六波雷、二十四曰青草雷、二十五曰八卦雷、二十六曰泥元鷹犬雷、二十七曰嘯命鳳雷、二十八曰火雲雷、二十九曰禹步大統攝雷、三

十、曰太極雷、三十一曰劒火雷、三十二曰內鑑雷、三十三曰外鑑雷、三十四曰神府天樞雷、三十五曰大梵斗樞雷、三十六曰玉晨雷、有三十六神、彙甞陳之於太上之前、雷法、有七十二階、天地賞善、罰惡、發生萬物、皆雷也、雖陰陽之激劒、亦由神人之興動、雷鳴則雨降矣

義曰 雷之爲雷、大矣哉、故三界十方、天聖地眞、各司有焉、惟九天玉淸眞王、總治其令也

釋曰 雷者、隱底、是以、出萬類而起率品也、孰不知雷、乃陰陽二氣之激剝、郤有所不誠惡誅邪、驅風役雨者、何耶、凡俗無知、豈識元始生殺之機、玉淸眞王之妙用也

讚曰 二氣之正、五行之令、斬鬼誅邪、天人嚮應

秋汀講曰 雷者、動也、始也、初也、發也、天地由雷而分、陰陽由雷而昇降、萬物、由雷而發生、四時、由雷而往來、蜫虫草木、由雷而生死、雷能生物、雷能殺物、雷能起物、雷能止物、人無雷動、四肢不動、淸濁不辨、是非莫擇、肉身之雷、使人動作、成盛衰興敗之數、諸天之雷、總萬類而行權、至於草木磚石土壤之類、亦由雷而生死合散也

聲

註曰 聲者、天地之仁聲也、春分五日、雷乃發聲、可聞百里、震九天而動九地、驚四海而闢四溟、太上曰吾不發陰陽之聲、吾之大音、無以召、故、皷之以雷霆、以聲召氣也、雷帝之前、有雷皷三十六面、凡行雷之時、雷帝、親擊本部雷皷一下、即時、雷公雷神、與發

雷聲鳴

義曰 聲、乃氣之用、氣、乃聲之令、明是辨非、震萌起蟄、非雷之令、何能生也

釋曰 聲者、令也、聽也、天無聲、雷不行、地無聲、草木不萌、人無聲、清濁不明、所以聲爲一靈身之本、乃陰陽之元氣也

讚曰 廣宜帝德起羣生、三界英靈側耳聽、莫道老天無一語、須知司令有雷鳴

秋汀講曰 聲者、雷之用、雷、聲之體、天以風、代聲制物、人以氣、代風成物、人以聲、發智慧而醒濁愚、天以聲、別陰陽而順五行、無窮造化、由玉面顯、由聲而隱

在玉淸天中章第二

普化天尊이 在玉淸天中ᄒᆞ샤 與十方諸天帝君으로 會於玉虛九光之殿과 鬱蕭彌羅之館과 紫極曲密之房ᄒᆞ샤 閱太幽碧瑤之笈ᄒᆞ시며 攷洞微明晨之書ᄒᆞ샤 交頭接耳ᄒᆞ샤 細議重玄ᄒᆞ시니 諸多陪臣이 左右踧踖ᄒᆞ니라 天尊이 宴坐ᄒᆞ샤 朗誦洞章ᄒᆞ시니 諸天帝君이 長吟步虛ᄒᆞ며 綵女仙姝가 散花旋繞라가 復相引領ᄒᆞ야 遊戲翠宮ᄒᆞ니 羣仙導前ᄒᆞ고 先節後鉞ᄒᆞ며 龍旂鸞輅로 飄颻太空ᄒᆞ다가

併集于玉梵七寶層臺ᄒᆞ니

이시구텬응원뢰셩보화텬존지、옥쳥텬즁、여、십방저텬대군、회어옥허구광지젼、올소미라지관、자극곡밀지방、열、ᄐᆡ유벽요지급、고、동미명신지셔、교두접이、세의즁현、저다ᄇᆡ신、좌우츅쳑、텬존、연좌、랑송동장、저텬대군。장음보허、치녀션쥬、산화션요、부상인령、유회취궁、군션도젼、션결후월、룡긔란로、표요ᄐᆡ공、병집우옥범칠보층ᄃᆡ

註曰 自浮黎元始天尊、生九子玉清眞王、化生雷聲普化天尊、天尊、以塵刧應化、隨時示號、本元始祖、刧一氣分眞、乃玉清眞王、九霄主宰、一月四辰、監觀萬天、浮遊三界九州萬國、貫善錄惡、是爲普化至大至貴也

義曰 天即我、我即天、發願廣大、化形十方、凡諸衆生、能歸心向道、我當以身、身之、非天尊普化而何、

釋曰 天無私、日月垂明、天有德、人物與生、是故、我天尊、代天行道、德施三界、使清者、爲聖、濁者、入清、凡諸有身有形者、俾騰仙 作、共成一氣

讚曰 好生之德、不能量、闡敎諸天及十方、高處玉清治雷府、萬神朝禮眞王

秋汀講曰 普化、十方諸天、一準帝令、不亂不雜也、天尊、總轄九天、發號施令之尊靈也、三百六十天之上、有九天、九天之上、有天尊府、天尊府中、有普化天尊、諸天之王、造化之祖、萬靈萬神、受命於天尊、行化於諸天諸地、上至群仙、下至蠢動、無非天尊

之化民、衆天帝君、每會於天尊府、細議重玄、各受命而去、一會一萬三千五百年、一萬三千五百年、經過則又會於天尊府玉虛九光之殿、比於人則一萬三千五百息內、元氣通於四肢百骸、三百六十骨節、一萬三千五百息、經過則元氣、復會於泥丸、發始于子時、終于亥時、一輪回則、日月、變爲一晝夜、天上之大範圍、小比於人則、毫毛不差矣

雷師啓白章第三

時有雷師皓翁이於仙衆中에越班而出ᄒᆞ사面天尊前ᄒᆞ사頫顖作禮ᄒᆞ시고勃變長跪ᄒᆞ사上白天尊言ᄒᆞ사ᄃᆡ天尊아大慈ᄒᆞ시며天尊아大聖ᄒᆞ사爲羣生父ᄒᆞ시며爲萬靈師ᄒᆞ시니今者諸天이咸此良覿ᄒᆞᆸ더니適見天尊이閱寶笈ᄒᆞ시고攷瓊書ᄒᆞ오신ᄃᆡ於中祕讚을不可縷計오며唯有玉霄一府의所統三十六天과內院中司와東西華臺와玄館妙閣과四府六院과及諸有司ㅣ各分曹局ᄒᆞ니所以總司五雷ᄒᆞ며長臨三界者也ㅣ로이다天尊이至皇ᄒᆞ사心親庶政ᄒᆞ시오니此等小兆를以何因緣으로得以趨服ᄒᆞ온지願ᄒᆞᆸ건대欲聞ᄒᆞ노이다

시유뢰사호옹、어、션즁즁、월반이츌、면、텬존젼、부신작례、발변장궤、상빅텬존언、텬존、ᄃᆡ자、텬존、ᄃᆡ셩、위、군ᄉᆡᆼ부、위、만령사、금자져텬、함차량뎍、뎍견텬존、열보급、

고경서、어중비식、불가루계、유유옥소일부、소동삼십륜련、니원중사、동서화덕、현관묘각、사
부륜원、금저유사、각분조국、소이총사오뢰、련림삼계자야、련존、지황、심천서정、차등소조、
이하인연、득이츄복、원고욕문、

註曰

雷師皓翁、乃帝宸元老卿師、匪臣也、玉霄府、郎高上神霄、天
中玉淸眞王府、居三十六天之上、天中、有五殿、東曰上蓝珠、西
曰碧玉、北曰青華、南曰凝神、中曰長生、又有太乙、內院、可韓、中司、
東西二臺、四曹四局、外有大梵紫微之闕、仙都火雷之館、皆有玉
府、左玄右玄、金闕、侍中、僕射、上相、眞仙眞伯、卿監侍宸、仙郎玉郎
玉童玉女、左右司麗、諸部雷神、官君將吏、上統三十六天、東方八
天、謂高上道寂天、高上陽岐天、高上洞光天、高上紫沖天、高上玉
靈天、高上淸虛天、高上微梁天、高上玉心天、南方八天、高上道元
天、高上太皇天、高上玄中天、高上極眞天、高上梵氣天、高上輔帝
天、高上玄宗天、高上歷變天、西方八天、高上左亞天、高上主化天、
高上符臨天、高上保華天、高上定精天、高上青華天、高上景琅天、
高上丹精天、北方八天、高上安壇天、高上廣宗天、高上浩帝天、高
上希玄天、高上慶舍天、高上天婁天、高上變仙天、高上升玄天、東
北方、高上敬皇天、東南方、高上移神天、西南方、高上瓊靈天、西北
方、高上升極天、下鎮三十六壘、每方、有九陽、梵氣、以應、一年、有三
十六氣、每十日、一氣上應天、維一帝、統治一氣、天仙神鬼、功過付
與、本天、校勘、功者、列名本天、過者、因於本天、天獄、凡善惡、事三十
六壘、皇君奏上神霄玉府而糾察也、每天、各有龍神、興雷、生殺伐
纂誅邪、悶不由之、四府者、九霄玉淸府、東極青玄府、九天應元府、
淵潤玉府、六院者、太乙內院、玉樞院、五雷院、斗樞院、氏陽院、仙都

火雷院、諸有司者、天部霆司、蓬萊都水司、太乙雷霆司、北帝雷霆司、北斗征伐司、北斗防衛司、玉府雷霆九司、及諸曹院子司、凡世聞、亢陽爲虐、風雨不時、干戈妄動、飢饉荐臻、皆請命玉府、經由玉樞、大市分野、彙判三司、將兵三界、鬼神功過、巨濟黎民、應雷霆諸司院府、竝佐玉樞之政、稟聽施行、至於雷霆斧鉞、慶賞刑威、有條不紊、悉有分司、咸曰彙司、行司、巡察官司、皆設曹局、官僚任職、是以、玉霄一府、總司五雷、天臨三界者也

義曰 天尊、以瓊書瑞笈、故化天眞、雷師默會天尊之旨、上請方便之門、一時君臣、體異心同、無非活羣生之徑路也、誦經君子、至此、當以雷師之心、爲心、其功有自歸矣

釋曰 時我天尊、登寶臺、察群品、似言不語、適雷師皓翁、職專雷府、班越天眞、以己心而識上心、故白之於天尊之前、我天尊德化無邊、眞元有自、其玄齊秘籙、不可條請故、啓三十六天、東西二臺、府院諸司之政、莫不皆總之於玉霄一府、其雷師皓翁、以此、舉而發我天尊之未宜者、雷師啓白天尊、至大至聖、心及萬品、臣以微陋之材、以何緣由、得侍玉宸、顧告天尊、明我前劫、以贊元化并玉霄一府之事、當屛氣而恭聽之

讚曰 物然長跪、上啓眞宗、諸司院府、臺閣尊崇、三十六所、雲雷雨風、何神不備、何聖不從、職專生殺、事在吉凶、欲聞至說、必啓丹衷、仁哉仁哉、雷師皓翁

秋汀講曰 雷有陰陽雷、五行雷、天雷、地雷、人雷、諸天雷、雷師者、總司衆雷指揮之師也、玉霄者、十方中一方、有一玉霄、即

統三十六天之府稱也、三界者、天界、地界、人界也、雷師下察諸天
諸地衆生之苦、發大願心、上白天尊、託因設緣、救濟生情、爲急故、
長跪而請方便之門、雷
師之心、卽慈父之心也

仙勳夙世章第四

天尊이 言ᄒᆞ사되 雷師皓翁아 爾等仙卿이 儲勳夙世ᄒᆞ야 累行昨生ᄒᆞᆷ으로 故得玉
府登庸ᄒᆞ며 璲宮簡錄ᄒᆞᄂᆞ니 今玆勳行이 視夙昨多라 爾其悉力雷司ᄒᆞ며 委心
火部ᄒᆞ야 日復日ᄒᆞ고 歲復歲ᄒᆞ야 勳崇行著ᄒᆞ며 性霽神融ᄒᆞ야 克證高眞으로 卽階妙
道ᄒᆞ니라 惟是雷部鬼神의 晝勞夕役ᄒᆞ야 動有捶楚ᄒᆞ고 大則考戮ᄒᆞ야 屑雲雕雪
을 無有已時ᄒᆞ며 檄龍命鴉ᄒᆞ야 此息彼作ᄒᆞᄂᆞ니 彼所因故를 爾其耳焉ᄒᆞ라 雷師
皓翁과 及諸天諸仙이 聳耳而默이러니 天尊의 所坐九鳳丹霞之扆에 手擧
金光明之如意ᄒᆞ시니 琅風이 淸微ᄒᆞ고 綺雲이 郁麗라 天尊이 寂然良久ᄒᆞ시더니

텬존、언、뢰사호옹、이등션경、져훈슉셰、류힝작싱、고득옥부등용、경궁간록、금자훈힝、시슉
작다、이기실력뢰사、위심화부、일부일、셰부셰、훈슝힝져、셩졔신융、극증고진、즉계묘도、유
시뢰부귀신、쥬로셕역、동유츄초、티즉고륙、셜운조설、무유이시、격룡명아、차식피작、피소

인고, 이기이언, 뢰　호옹, 급저뎐저션, 용이이묵, 뎐존, 소좌구봉단하지의, 수거금광명지여
의, 랑풍청미, 긔운욱려, 뎐존, 젹연량구

註曰 雷司、布令行事、疾如風火、不可留停、降澤之處、有方、震雷之聲、有數、可旱卽旱、可雨卽雨、必奉帝勅、其雷司所行、鬼神、何以致也、蓋此等之人、居塵世之上、不忠不孝、不仁不義、不禮三光、不修五常、不惜五穀、所以身沒之後、聽我雷司之驅役、實此等罪報也、聞天尊所說善惡因緣、雷師皓翁、及諸天諸仙、啓耳悚懷、天尊所坐之時、其神風、琅琅然、而淸徵、爵爵然、而華麗、沉靜良久、欲對仙衆、再演玄文也

義曰 善根宜頑、惡業莫生・天眞尙然、累功積行、何況後學君子、可不盡心乎

釋曰 雷師皓翁、與天地同體、日月齊明、是以、天尊、言、儲勳夙世、有大功於初、始之先、行旣累著而得精氣、遂化成形、故、得玉府進用、瓊宮有名矣、今又掌善司惡、分化濟人、其功、不少、所以、盡心於火部者、乃雷師皓翁之本精也、加之日積月增、名高行顯、以全元氣則性霽神融之不虛言也、以是、能與高上眞王、爲明證之臣、遂列大道之階、天尊、以善惡兩途、諭諸天眞、復引雷部鬼神、晝勞夕役、遇而復始、無有休息、所言屑雲、謂其奔走四方、搏雲作陣之勞、雖雪者、其冒凍乘風、凝雨作花之苦也、至於入海、撤其龍、走林、命其鴉、東作西止、東伏西興、無有息時、此善惡之因、故明矣、天尊、是時、語雷師曰、吾得權大、化位上眞、蓋心、先縱此遊、故、得如是也、爾等、欲昇仙作、贊化玄文、以吾之功、爲功則道自成矣、爾今聽焉、諸天帝君、聞如是說、皆發、耳而敬聽也、天尊之威儀、不可宜說、卽

有神風綺雲、淸朗郁麗、天尊、與九氣、復合爲一、寂然不動也

讚曰 善惡兩途、神如影響、善爲天眞、惡爲魍魎

秋汀講曰 一點靈明本面目、逍遙太虛樂億劫、誤落六合趣輪回、一朝發心成正覺、春來枳橘、郁是放花、志道淸濁、同參仙界

心縫此道章第五

天尊이言ᄒᆞ사ᄃᆡ吾昔於千五百劫以先으로心縫此道ᄒᆞ야遂位上眞ᄒᆞ고意釀此功ᄒᆞ야遂權大化ᄒᆞᆫ지라嘗於大羅元始天尊前에以淸淨心으로發廣大願ᄒᆞ고願於未來世에一切衆生과天龍鬼神이一稱吾名이면悉使超渙ᄒᆞ고如所否者면吾當以身으로身之ᄒᆞ리니爾等은洗心ᄒᆞ라爲爾宣說ᄒᆞ리라

텬존、언、오셕어쳔오ᄇᆡᆨ겁이션、심봉차도、슈위상진、의양차공、슈권ᄃᆡ화、상어ᄃᆡ라원시텬존젼、이、청정심、발、광ᄃᆡ원、원어미ᄅᆡ세、일체즁싱、텬룡귀신、일칭오명、실사초환、여소부자、오당이신、신지、이등、셰심、위이션설

註曰 心縫此道者、謂如裁段布帛、若不縫就、焉能爲衣、且天地一點元氣、散徧太虛六合、人稟父母一點元氣在身、即是祖宗

之遺體也、若修之智慧、定觀淸淨之心、收聚七寶、結成還丹、是闢以心縫合、成其大道而位證上眞、又以天地化醇之氣、天道混合、沖和之妙、釀成巨功、遂權大化、提挈天地、隱顯莫測、天尊、於大羅元始天尊前、發廣大願、顯一切衆生、天龍鬼神、一稱名者、悉使超渙、如所否者、天尊、當以身、身之、此是見天尊、普護人天、發弘誓願也

義曰 幸得人身、不可挫過、當守正道而誦是經、日就月將、與道合體、非小補哉

釋曰 得道之難、合道之不易也、我天尊昔、於千五百劫之初、心先合此道、即九氣之生形也、故、稱曰眞王、遂掌大化、我天尊、曾向大羅元始天尊前、以九天不離之眞、發三乘無邊之願、期在未來之世、但受九氣之物、有能歸吾、化稱吾名者、皆能起死回生、或不信從者、我當以元始一氣、化成九氣、以復其初也、天尊、謂諸天帝君曰爾等、當淨心、吾今爲汝等、開大道之端緒也

讚曰 道乃天地心、愚癡不解尋、破衣要縫補、須用水磨針

秋汀講曰 萬端是非添罪業、一念名號脫地獄、四生六道迷衆生、還探靈珠得永生、百年貪物、塵生一朝、一念仙願、千載眞實、也々々歷、可笑是誰

至道深窈章第六

天尊이 言ᄒᆞ사되 爾諸天人이 欲聞至道ᄒᆞᄂᆞ니 至道深窈ᄒᆞ야 不在其他ᄒᆞ니 爾旣欲

聞인딘 無聞者是라 無聞無見이 卽是眞道며 聞見亦泯이 惟爾而已라 尙爾

非有어니 何況于道리요 不聞而聞ᄒᆞᄂᆞ니 何道可談이리오

뎐존, 언, 이저뎐인, 욕문지도, 지도심요, 부지기타, 이긔욕문, 무문자시, 무문무견, 즉시진도, 문견역민, 유이이이, 이샹비유, 하황우도, 불문이문, 하도가담

註曰 至道者、不在其他、在自己也、爾旣欲聞、若明自己之道、即是不必聞也、是云無聞者、是無聞無見、即是眞道、無聞他人之說、自己有見、卽是眞道、謂見亦泯、皆不必聞見矣、人若謂非有、旣不聞道而欲聞、不可與談道矣、

義曰 大道、無形、無我無彼、有無無有、即是眞道也、有爲有形、道在何處、入道之士、當於無無處、若脚

釋曰 言無所言、行無所行、學無所學、識無所謂、是曰至道

讚曰 道道道道、說着可笑、天地我人、一家一竅、

道以誠入章第七

天尊이言ᄒᆞ사되 道者ᄂᆞᆫ 以誠而入ᄒᆞ며 以默而守ᄒᆞ며 以柔而用ᄒᆞ야 大道汎兮、無形無情、入之有門、守之有要、用之有樞、故、首揭以爲言誠、誠者、眞實無妄之謂、妄去則眞潛、眞還則誠復、入道之門也、默則默識之默、道不可以知、知言、言冥會道眞故、守道之要也、柔者、濡弱謙卑之謂、知雄守雌、知白守黑、專氣致柔、以道爲體、以柔爲用也

用誠似愚ᄒᆞ고

用默似訥ᄒᆞ며用柔似拙ᄒᆞᄂᆞ니 即大智若愚、大辯若訥、大勇若怯者 夫如是則可與忘形ᄒᆞ며可與忘我ᄒᆞ고可與忘忘ᄒᆞ야 如是、即指誠默柔、三者而言、謂如是則內觀其心、心無其心、外觀諸形、形無其形、遠觀諸物、物無其物、近觀諸我、我無其我、既忘我矣則無色相、無我相、無人相、渾我物人、己而忘之矣、非所謂忘忘乎 入道者ㅣ知止ᄒᆞ고守道者ㅣ知謹ᄒᆞ며用道者ㅣ知微ᄒᆞᄂᆞ니 止者、安其所而不遷之謂、知止、即大學知止而後、有定之義、守、即執字之義、所謂執大之行、是也、謹則守之固也、微、對顯而言、即知微之顯之義 能知微則慧光生ᄒᆞ며能知謹則聖智全ᄒᆞ며能知止則泰定安ᄒᆞ고 微者、顯之幾、既知微則光輝發越、慧性、日通、所謂生也、聖智之分、以始終條理而言、知謹則聖無不通、智無不照、所謂全也、泰、即天君、太然之謂、定、即知止而後有定之謂、非他歧所能惑也、安、即靜而後、能安、非情緣識境、所能搖也 泰定安則聖智全ᄒᆞ며聖智全則慧光生ᄒᆞ며慧光生則與道爲一ᄒᆞᄂᆞ니是名眞忘이라惟其忘而不忘ᄒᆞ며忘無可忘ᄒᆞ며無可忘者를即是至道라 此緫上言、其相因之效、心之田然、爲泰、心之有守、爲定、心之不搖、爲安、履物之爲聖、知之爲智、融之爲慧、燭之爲光、既登此岸則照無所照、覺無所覺、幻身滅、幻心亦滅、幻心滅、幻塵亦滅、非滅非幻、非幻非滅、所謂忘無可忘也、至於忘忘、非至道乎 道在天地ᄒᆞ되天地도不知ᄒᆞᄂᆞ니有情無情아惟一無二ᄒᆞ니라

던존、연、도자、이성이입、이묵이슈、이유이용、용셩사우、용묵사눌、용유사졸、부、여시즉、가여

망형、가여망아、가여망망、입도자、지지、슈도자、지근、용도자、지미、능지미즉、혜광싱、능지근즉셩지젼、능지지즉、티졍안、티졍안즉、셩지젼、셩지젼즉、혜광싱、혜광싱즉、여도위일、시명진망、유가망이불망、망무가망、무가망자、즉시지도、도지텬디、텬디불지、유졍무졍、유일무이

註曰

道者、乃三界所遊之路也、然、入則有由、守必有方、其用、固有理也、蓋道、乃天地無爲之稱、卽人之眞常也、誠者、端恪不移、無忘之理也、故、惟以無妄之誠而入於眞常之道、然、眞常之道、悟者自得故、默識心融而後、能守、雍容不迫而後、能用、夫入不能守則非所謂入、守不能用、則非所謂守、故、用眞實者、如愚而默、雍和而不剛果、是亦如拙者、何異焉、然、其爲愚訥拙也、特如之而己、亦豈眞愚訥拙哉、人能入之、守之、用之、如是者則不特可與忘物而亦可以忘我、至於物我、俱忘、亦忘、其所謂忘者矣、何不言乎忘形我者、心不之動、湛然常寂、無彼此之間也、知者、識之明而見之眞之謂也、入道而知止、守道而知繼、則固循於道而不離、用道而知微、則能反約而不惑於遠大、此其道體之本原、在是而一心之妙用、所由生也、則凡所謂無所不通、無所不知、乃本性之所俱者、至此、亦復全於我矣、原其所自、則又皆本諸知止、知止而後、有定、定而後、能安、靜定日久、聽明日全、天光內燭、心純乎道、與道合眞、抑不知孰爲道、孰爲我、但覺其道卽我、我卽道、彼此相忘於無可忘之中、此所謂至道也、至道、在天地之間而反不知其道之所在、要知道者則凡有情之物我蠢動、無情之山河草木、豈出於至純而不雜之外也、其惟抱一爲天下式者、知此、凡人、修眞鍊道、惟守一而不雜則進德無魔、昇擧有日矣

義曰 此章、乃玉淸眞王、人道守道體、卽道之端緖也、奉玉樞大敎之志士、於此、再三研窮、自有所得、卽玉淸眞王之語、不虛設也

釋曰 大道、無言、有言、非道、是故、我天尊、前章至道、深窮、不可得聞也、若此之論、後人、皆不被天尊之化、其道、有起有止、無見無聞、起止聞見、皆由心造、昔我天尊、九氣生而九氣成、有何見耶、有何聞耶、此章、天尊敎學道修眞之方、用功守成之路、必以己誠而合天地之誠也、蓋誠者、一也、天道、一而二、二生三、三生萬物、莫不自誠一而來者、人能用誠一而入、用默而守、用柔而用然後、得誠者、似愚、得默者、似訥、得柔者、似拙、誠默柔、爲體爲用、愚訥拙、爲道爲玄、如是、方可與道混然、忘形忘我忘忘、此乃道之實而眞之妙也、入必要知止、守必要知謙、用必要知微、能知微者則九氣之光、現矣、能知謙者則萬靈之聖、全矣、能知止者則三元之神、安矣、神安則智必備、智備則靈光生、靈光生則本元之氣、合矣、故名之曰眞忘、惟其忘而不忘、忘忘無可忘者、卽是眞一之大道也

讚曰 守一、當用謹默、無我無人、卻有一守一賊、若還捉住、湛然凝碧

秋汀講曰 誰爲得道、誰爲失道、若勿妄言、披雲、日月明朗、合眼、萬濁自樂、道在何處、寂々靜夜、草堂裡、默々白光、徹古今、飮虛空長醉酒、打滅群哲諸經歎、妙哉々々、不殺設敎大盜、誓不登天尊玉府、呵呵大笑、吾

演玅寶章第八

天尊이言ᄒᆞ사ᄃᆡ吾今於世에何以利生ᄒᆞ며爲諸天人ᄒᆞ야演此玅寶오得悟之

者도 俾諸仙咋ᄒᆞ리라 學道之士도 信有氣數ᄒᆞ니 夫風土不同이면 則稟受自異라 故로 謂之氣며 智愚不同이면 則淸濁이 自異라 故로 謂之數니 數繫乎命ᄒᆞ고 氣繫乎天ᄒᆞ니 氣數所囿에 天命所梏이라 若得眞道면 愚可以智ᄒᆞ며 濁可以淸ᄒᆞ야 惟命俾之ᄒᆞ고 愚昏昏ᄒᆞ며 濁冥冥ᄒᆞᆷ도 亦風土稟受之異之니라 天地도 神其機ᄒᆞ야 使人不知ᄒᆞ고 則曰自然이라ᄒᆞ며 使知其不知ᄒᆞ고 則亦曰自然이라ᄒᆞ니 自然之妙는 雖妙於知라도 而所以妙는 則自乎不知로ᄃᆡ 然於道는 則未始有以愚之濁之니라 諸天이 聞已ᄒᆞ고 四衆이 咸悅ᄒᆞ니라

뎐존、연、오금어셰、하이리싱、위저뎐인、연차묘보、득오지자、비제션조、학도지사、신유긔슈、부、풍토불동즉、품슈자이、고위지긔、지우불동즉、청탁자이、고위지슈、슈계호명、긔계호텬、긔슈소유、텬명소곡、약득진도、우가이지、탁가이청、유명비지、우혼々、탁명々、역、풍토품슈지이지、텬디、신기긔、사인불지、즉왈자연、사지기불지、즉역왈자연、 자연지묘、슈묘어지、이소이묘、즉、자호불지、연어도즉、미시유이우지탁지、저텬、문이、사즁、함열

註曰 凡人、生處、若土厚水深、地氣多寒、萬物晩成、造化之功、遲、故、多壽也、若土薄水淺、地氣多熱、萬物速成、造化之功、速、故、多

天也、此、風土不同、禀受之異也、若人、禀胎氣情者、爲人、慈善謟正
忠孝、智慧聰明、樂仙慕道之人也、禀氣濁者、爲人兇惡邪佞獵毒、
愚癡悖逆、無道不仁不義之人也、智愚不同、淸濁之異也、氣數所
圓、如花木之開發、亦各有時、皆禀天地之氣、天命所梏、乃天命、施
於梏梏、不善之人、長論惡趣、若得眞道也、愚者、可以智慧門、化之、
濁者、可以淸淨門、化之、恐者、常自昏昏、濁者、常自寘々、吾乃自然
而然也、皆風土禀受之分配定矣、氣天地之生殺萬物、亦隨其四
時之氣候也、若志人、得五行之氣、陰陽之精、修之鍊之、以保固其
身命、使與天地、同人、日月、齊明、愚人、只知聲色滋味
而不知反其害、其命也、是以、學道之人、當默而思之

義曰

天地生物、皆得二氣之成形、淸氣多而賢淑、濁
垂而好惡、豈非風土之不齊、禀受之自異者也
氣

釋曰

夫風土之不齊、實氣數之所繫也、是故、我天尊、舉此一章、冽
大道之後者、何也、蓋世人、失於調養、肆意輕生、烝不知輕淸
之氣、爲天、重濁之氣、爲地、凡爲人身、得天氣、成精津成液、得地
氣、成骨成肉成筋者也、旣禀二氣而生、何故、有修知賢愚之分耶、
豈非風土之厚薄、陰陽之偏塞耶、天之命、如梏、氣之數、如圍、言人
人、不可逃天命、而越氣斂、惟我學道之士、尊崇此經、則出於天命、
而拔乎氣數之外也、我天尊、說是言畢、兩班卿師、使相諸天帝君、
雷師皓翁、踴躍讚歎、至於天龍鬼神、亦皆不知手舞足蹈之悅也、

讚曰

風土所宜、亦由氣血、水各有源、人皆有切、
輕淸還玄、重濁不自、道本無二、此心似月

秋汀講曰

一源、有淸濁水、點震、有智愚別、葛生陰理、能延千丈、木
生茅、中、未免三尺也、也也、何天地之偏也、登城而指、知
者衆、嘗風而呼、聞者群、何勢之邪耶、天尊、有心、萬靈憎愛、萬靈憎
愛、陰陽翻覆、陰陽翻覆、衆生禍福、千殊萬變、世界囂々、是非、何謂

自然、大喝一聲、塵兵一進、劒光愧處、五蘊城壞、也破、也破、千車之
不同、而執則一、枳椇之殊、形而根則同、萬枝之屈曲、而體則直、聖
凡之哲暗而靈則均、
塵清無二、擇者、當罪

說寶經章第九

天尊이言ᄒᆞ샤ᄃᆡ 吾今所說이 卽是玉樞寶經이니 若未來世에 有諸衆生이 得
聞吾名ᄒᆞ고 但冥心默想ᄒᆞ야 作是念言ᄒᆞᄃᆡ
九天應元雷聲普化天尊이라ᄒᆞ야 或一聲ᄒᆞ며 或五七聲ᄒᆞ며 或千百聲ᄒᆞ면 吾卽
化形十方ᄒᆞ고 運心三界ᄒᆞ야 使稱名者로 咸得如意ᄒᆞ리니 十方三界에 諸天諸
地와 日月星辰과 山河草木과 飛走蠢動에 若有知와 若無知와 天龍鬼神이
聞諸衆生의 一稱吾名ᄒᆞ고 如有不順者면 馘首剳心ᄒᆞ야 化爲微塵ᄒᆞ리라

텬존、언、오금소설、즉시옥츄보경、약、미ᄅᆡ셰、유저즁싱、득문오명、단、명심묵상、작시념언
구텬응원뢰셩보화텬존、혹일셩、혹오쳘셩、혹쳔ᄇᆡᆨ셩、오즉화형십방、운심삼계、사칭명자、함
득여의、십방삼계、저텬저디、일월성신、산하초목、비주쥰동、약유지、약무지、텬룡귀신、문저
즁싱、일칭오명、여유불슌자、괵슈고심、화위미진

註曰 夫玉樞者、郎玉清之氣也、玉爲至尊、元始天尊、稱玉清、昊天上帝、稱玉皇、太上道君、稱玉晨、太上老君、稱高上玉帝、三清之都、號玉京、神霄眞王、稱玉清、玉者、寶中之尊貴也、樞者、天之樞紐也、雷靈者、天地之樞機、天樞地機、樞陰機陽、天本陽、曰樞者、乃顚倒之理也、雖曰天陽地陰、蓋天一生水也、北斗貪狼星、號樞星、貪狼、配天元、乃七政之首也、如樞密院、亦朝綱之樞機也、總國之機密政務、掌殺伐之目也、玉樞之經、乃天府之雷文也、如有不順之物、當剋心斬首、皆在雷司之主令也、以彰顯其天之威矣

義曰 天尊、以好生之心、爲心、化形十方、不使一物、不被其澤也、如有毁誘道者、雷司、馘首剋心、宜矣

釋曰 此章、天尊、發廣大之顯、明矣、天尊、念念生生、無文可明故、垂玉樞之靈文、以化衆生、其或衆生、得化成眞之後、一稱我天尊之號、篆天尊之符、至於世間山河草木、飛走動、但稟二氣之物、卽當悚爾而聽、母敢少怠、如有不順者、雷司不容、碎爲微塵也

讚曰 天尊、天尊、發顯廣大、毁誘玄文、雷司馘害

秋汀講曰 飮盡海水、一魚不動、取果折木、群棒亂打、分錢布堦、前遮後衛、斗珠厚施、指鳥加辱、三乘五敎、好也好也、滿珠、了了了、是甚麽東西、霞清天地爲一家、霧重咫尺長萬里

玉樞寶經註解天集 終

玉樞寶經註解地集

海瓊白眞人 註解
祖天師張眞君 義著
五雷使者張天君 釋訓
純陽孚佑帝君 讚頌
秋汀崔秉斗 講意

學道希仙章第一

天尊이 言ᄒᆞ사ᄃᆡ 吾是九天貞明大聖이라 每月初六及旬中辛日에 監觀萬天ᄒᆞ야 浮遊三界ᄒᆞ노니 若或有人이 欲學道커나 欲希仙커나 欲追九玄커나 欲釋三災컨댄 當命正一道士ᄒᆞ고 或自同親友ᄒᆞ야 於樓觀이나 於家庭이나 於里社에 齋水饌花ᄒᆞ고 課誦此經호ᄃᆡ 或一過나 或三五過나 乃至數十百過면 卽得神淸氣爽ᄒᆞ며 心廣體胖ᄒᆞ야 凡所希求를 悉應其感ᄒᆞ리라

학도회션장대일

[illegible]존、언、오시구협정명뒤셩、미월초룩、급、순즁신일、감관만련、부유삼계、약혹유인、욕학도、욕회션、욕환구현、욕셕삼지、당명졍일도사、혹、자동천우、어루관、어가졍、어리사、죠슈쟤화、과송차경、혹일파、혹삼오파、니지슈십빅파、즉득신쳥긔상、심광톄반、범소희구、실응기감

註曰 天尊、觀貞明大聖、夫貞者、貞觀其天地、貞勝其吉凶、而乃天地變化、聖人效之、吉凶垂象、聖人則之、大易、乾、元亨利貞、貞者、四時爲冬、四方爲北、冬亦屬北、天一生水、玉淸之祖氣也、天尊、每月初六、及辛日、下降、初六者、六陽、降而生乾、六陰、升而生坤、消息升降、周流六虛、以爲道極、聖功、生焉、神明、出焉、蓋天地生數、一、成數、六、天地得、潤澤濟世、辛日、天之水數、天數、當先號辛、辛數、乾天也、天一生水、皆先天一氣之養、萬天者、自大羅、淸微、禹餘、大赤、三境之天、周遍諸天、無不監觀、其天人功過、至于三界、無不浮遊、經錄其萬靈功過也、若人、誦此經者、凡所希求、悉應其感

義曰 天尊、言、有情無情、有知無知、咸得成眞、以宜大化、自見其功德、不可稱量也、叩之必應、率道之人、可不勉哉

釋曰 天尊、降誕之日、恐世人、不知、誤犯天律、或天尊、惜羣生之命、至於如此、如或學道希仙之士、酌水獻花、或親友、或道士、誦此經、慕得仙班、有位、天府標名、或有下愚、忽起誠心、課誦此經、使人、心廣體胖、或有孝子順孫、齋心滌慮、延僧壇塲、諷誦此經、卽得超昇、所以釋三災、遣九玄、皆得如願、無不感應

讚曰 誠不用物、以氣相遜、一稱尊號、天地回春

秋汀講曰 此經、誦之萬遍則、異香震壇、五萬遍則、夢拜天尊、十萬遍則、白光護身、合眼有瑞光、久久誦之、塵慾頓除、安念漸息、大道忽覺、萬神聽命

召九靈章第二

天尊이 言ᄒᆞ사되 身中九靈을 何不召之리오ᄒᆞ시니 一曰天生이며 二曰無英이며 三曰玄珠며 四曰正中이며 五曰子丹이며 六曰回回며 七曰丹元이며 八曰太淵이며 九曰靈童이라 召之則吉ᄒᆞ고 身中三精을 何不呼之리오ᄒᆞ시니 一曰台光이며 二曰爽靈이며 三曰幽精이라 呼之則慶ᄒᆞᄂᆞ니 五心이 煩懣ᄒᆞ고 六脈이 搶攘ᄒᆞ며 四肢失寧ᄒᆞ야 百節이 告急커든 宜誦此經이니라

소구령장뎨이

텬존、언、신즁구령、하불소지、일왈텬싱、이왈무영、삼왈현쥬、사왈졍즁、오왈결단、륙왈회々、칠왈단원、팔왈틔연、구왈령동、소지즉길、신즁삼졍、하불호지、일왈틔광、이왈상령、삼왈유졍、호지즉경、오심번민、륙믹창양、사지실녕、빅졀고급、의숑차경

註曰 九靈者、人身中之本神也、天生者、玄牝也、無英者、嬰兒也、玄珠者、谷神也、正中者、泥丸夫人也、子丹者、靈臺神也、回回者、貴券神也、丹元者、心神也、太淵者、胥宮列女衣府神也、靈童者、主制五臟神也、台光者、男女構精、胞胎始榮也、爽靈者、魂也、幽精者、魄也、凡爲人、既知身中有此神靈、何不時時呼召、煉成一家嗣學道希仙、無諸障礙也、若五心煩懣、六脉搶攘、誦此經則身中諸神、咸得以寧、即使人安逸也

義曰 三精九靈、非外物也、住我本家、愼勿放出、當令常侍左右、顧真體聖則、易見而易得也、此乃天尊、恐人、不知大道所在、故、以此指之也

釋曰 天有九耀、人有九靈、天有三台、人有三魂、天之九曜、失度、三台、遷位則水旱陰晦、人之九靈、失守、三魂、妄行則災禍生矣、如有此厄者、至心、誦經焚符則三魂、安、九靈、息、五心、靜、六脉、和、四肢、泰、百節、無恙也

讚曰 九靈九靈、是我之精、時時呼召、永保長生

秋汀講曰 此經、有報法、誦之三七日、耳鳴、七七日、夢見童子、百日、蜂蛾聲至、自有神語、玄竅明朗、諸事豫知、上根氣、百日通、中根氣、二百日通、下根氣人、三百日通靈

五行九曜章第三

天尊이 言하사되 若或有人이 五行奇蹇하고 九曜欽嶔하며 年逢刑衝하야 運値剋

戰ᄒᆞ고 孤辰寡宿과 羊刃劍鋒과 劫殺亾神과 鬼門鉤絞와 祿遭破敗와 馬落空亾이 動用凶危ᄒᆞ고 行藏坎壈커든 卽誦此經ᄒᆞ야 上請ᄒᆞ면 天官은 解天戹ᄒᆞ고 地官은 解地戹ᄒᆞ고 水官은 解水戹ᄒᆞ고 五帝는 解五方戹ᄒᆞ고 四聖은 解四時戹ᄒᆞ고 南辰은 解本命戹ᄒᆞ고 北斗는 解一切戹ᄒᆞᄂᆞ니라

오힝구 요장대삼

뎐조인、약흑유인、오힝괴건、구요험괴、년봉형충、운치극젼、고신과슉、양인검봉、겁살망신、귀문구교、록조파픽、마락공망、동용흉위、힝장감람、즉송차경、상청、뎐관、힝뎐익、디관、힝디익、슈관、힝슈익、오제、힝오방익、사셩、힝사시익、남신、힝본명익、북두、힝일체익

註曰 凡人、五行不遇、九曜失度、又値刑衝、及諸神煞、動用行藏、皆不順和、大則天譴地責、喪身殞命、皆由三官、五帝、四聖、二斗、以主之、此經、誦呪焚符、一切戹難、皆能解釋

義曰 三界之中、爲人最靈、不知向上一步、致使星辰、戰剋、行止轗軻、急宜歸奉眞文、三元五帝、以消其罪也、此章、天尊、令人、知忌避而欲禳之也

釋曰 此言、人之五行、不利、九曜作擾是也、所以諸多神殺、皆聽我天尊之勅、如或有人、遭此禍患、誦此經則天尊、命本人之家、

司命六神、上請、天官、解天厄、地官、解地厄、水官、解水厄、五帝、解五、方厄、四聖、解四時厄、南辰、解本命厄、北斗、解一切厄、蓋緣此三官、五帝、四聖、南斗、北辰、亦乃天尊之有司也、故、云上請者、欲人知天尊之所司之廣設也、

讚曰 地網天羅不可逃、凶星臨併若爲消、誠心禱取天尊號、玉篆金符急急燒

秋汀講曰 此經、陰陽不順、五行相逆、日氣不調、流病大熾、家中不安、六畜死亡、誠心至敬、設壇、禱之、外邪不侵、流病不犯、家宰身恭、三日或七日、北向達禱焚符、暗有神佑

沈痾痼疾章第四

天尊이言ᄒᆞ사ᄃᆡ 沈痾伏枕ᄒᆞ고 痼疾壓身ᄒᆞ야 積時弗瘳ᄒᆞ야 求醫罔效ᄒᆞ며 五神無主ᄒᆞ며 四大不收ᄒᆞ면 或是五帝三官之前이나 泰山五道之前이나 日月星辰之前이나 山林草木之前이나 靈壇古跡之前이니 城隍社廟之前이나 里巷井竈之前이나 寺觀塔樓之前과 或地府三十六獄과 冥官七十二司에 有諸冤枉ᄒᆞ야 致此牽纏ᄒᆞ며 或盟詛呪ᄒᆞ야 誓之所招며 或債埰負ᄒᆞ야 償之所致며 三世結釁ᄒᆞ고 累劫興仇ᄒᆞ야 埒其咎尤ᄒᆞ며 庫其執對ᄒᆞ도록 皆當首謝ᄒᆞ리니 即誦此經ᄒᆞ라

침아고 질장데사

현존언、침아복침、고질압신、젹시불츄、구의망효、오신무쥬、사듸불슈、혹시、오졔삼관지젼、티
산오도지젼、일월셩신지젼、산림초목지젼、령단고젹지젼、셩황사묘지젼、리항졍조지젼、사관
탑루지젼、혹、디부삼십륙옥、명관칠십이사、유져원왕、치차견젼、혹밍져쥬、셔지소초、혹최타
부、상지소치、삼셰결흔、루겁흥구、날기구우、사기집듸、긔당슈사、즉송차경

註曰 沈痾痼疾、伏枕床蓐、醫禱無效、蓋三官五帝、泰山岱嶽、日月星辰、城隍社廟、里巷井竈、靈壇古跡、寺觀塔樓、五道諸司、地府冥官、至於山川草木、皆有神祇、故悞冒犯、或夙有冤愆、負財致命、或被人呪詛、或自說誓違盟、累劫以來、與仇結冤、皆當悔過、發懺罪尤、讀誦經呪、焚此蒙符、悉得消愈

義曰 此章、專言人之積病、及禁忌相刑、當稱天尊之號則、禍去而福來、何必疑也

釋曰 凡人、病染沈痾、痼疾弗瘳、世藥無功、或陰人作撓、或自呪或他詛、或積塚或私愆、則冥府欲問究由、欲追執對、何以赦免、卽誦寶經、焚靈符、卽時安逸矣

讚曰 陰譴陽罪、沈痾是報、禁忌犯之、經符是禱

秋汀講曰 此經、病不移身、久成痼疾、醫藥無效、此病患則、彼病生、明醫無靈之時、取南方百步外黃土、家中四方數之、設祭需於天尊像前、或靈符前、誦之七日、自有靈驗

官符章第五

天尊이言ᄒᆞ사되 天官符며 地官符며 年月日時에 各有官符ᄒᆞ며 方隅向背에 各有官符ᄒᆞ야 大則官符오 小則口舌이니 是有赤白口舌之神이 以主之ᄒᆞ나니 凡諸動作興擧와 出入起居에 不知避忌ᄒᆞ고 如遇官符口舌ᄒᆞ면 則使人擊聒ᄒᆞ며 曉夜煎煼ᄒᆞ야 多招脣吻ᄒᆞ고 面是背非ᄒᆞ야 動致口牙ᄒᆞ며 盟神詛佛ᄒᆞᄂᆞ니 始于謗讟ᄒᆞ고 終于詬詆ᄒᆞ야 由是로 獄訟이 生焉ᄒᆞ며 刑憲이 存焉ᄒᆞ니라 若欲脫之ᄒᆞᆫ던 即誦此經ᄒᆞ면 遂得口舌이 全消ᄒᆞ며 官符永息ᄒᆞ리라

관부장뎨오

텬존언, 텬관부, 디관부, 년월일시, 각유관부, 방우향비, 각유관부, 대즉관부, 소즉구설, 시유젹빅구설지신, 이쥬지, 범져동작흥거, 츌입긔거, 불지피긔, 여우관부, 구설, 즉, 사인격괄, 효야젼초, 다초슌문, 면시비비, 동치구아, 밍신져불, 시우방독, 종우후지, 유시, 옥송싱언, 형헌존언, 약욕탈지, 즉숑차경, 슈득구설젼소, 관부영식

註曰 此章、天尊、言諸官符、赤口白舌之神者、乃天省下之惡曜也、蓋因世人、不修正道、不畏公法、瀆雷褻雨故、遣此神、以撓之、

若人、犯者、急誦此經、焚諸符●篆、卽時消滅

義曰 人之行藏、各有可否、但自不能識其機、而造其理也、如或犯之、此經、能免也

釋曰 天尊、發願廣大、施化無方、此章、專言諸官符者、蓋此神、易犯難釋、以致庶人、一或干之、則赤白口舌、乘勢而生也、而世人、何不預誦寶經、焚玉篆、則此禍自滅矣

讚曰 天符地符、人不可觸、欲釋訟凶、經篆三告

秋汀講曰 此經、口舌並行、或獄訟起焉、或官刑將害、或神壇前不敬所致、心身不安時、黃紙、寫年月日時四柱、埋於東便居室燈前、誦三日、必有夢驗免禍之法

土皇章第六

天尊이 言하사되 土皇九壘에 其司가 千二百神이니 土侯土伯과 土公土母와 土子土孫과 土家眷屬이 若太歲와 若將軍과 若鶴神과 若太白과 若九良과 若劍鋒과 若雄雌과 若金神과 若火血과 若身黃과 若撞命과 若三殺과 若七殺과 若黃旛豹尾와 若蜚廉刀砧에 如是等土家神殺이라이 若人이 興修卜築에 一或犯之면 即致病患하야 以迄喪亡하나니 纔誦此經하면 則萬神이 皆

起ᄒᆞ야 天無忌ᄒᆞ며 地無忌ᄒᆞ며 陰陽無忌ᄒᆞ며 百無禁忌ᄒᆞ니라

토황장뎨륙

텬존언、토황구루、기사、천이빅신、토후、토빅、토공、토모、토자、토손、토가권속、약티세、약장군、약학신、약티벽、약구량、약검봉、약자웅、약금신、약화혈、약신황、약당명、약삼살、약철살、약、황번표미、약、비렴도침、여시등、토가신살、약인、홍슈복축、이록범지、즉치병환、이홀상망、자송차경、즉만신、미긔、텬무긔、디무긔、음양무긔、빅무금긔

註曰 凡人、動作興工、不無有犯神煞、其禍立至、大則喪命、小則官非、可不愼歟、依儀書篆、行持誦經、祈禱則百無所忌也

義曰 天尊、惜羣生、至於如斯也、雖云生亦土、而死亦土、殊不知土之爲害、大尤甚也、蓋土宜靜、不宜動之謂也

釋曰 天覆其地、人孰不知、盖我天尊、爲九天之尊、統三界而以九壘皇君、眷屬家臣、諸多惡煞、害人不輕、天尊用玉文寶篆、鎭禳之、使世間、上士下愚、凡動作之時、百無禁忌也

讚曰 萬物皆從戊己來、偶然相犯卽爲災、若非普化眞文力、處處皆爲白骨堆

秋汀講曰 此經、世人不知避忌、觸動土煞、正礎築墻、犯三殺喪門方、家中不安、病生纏連、玉樞靈符、掛於家四方、敬誦三日、惡夢消滅、土煞永息、急病忽差

婚合章第七

天尊이 言ᄒᆞ사ᄃᆡ 世人夫婦가 其於婚合에 或犯咸池ᄒᆞ며 或犯天狗ᄒᆞ며 三刑六害가 隔角交加ᄒᆞ며 孤陰寡陽에 天羅地網으로 艱於嗣息ᄒᆞ야 多是孤獨ᄒᆞ니 若欲求男인ᄃᆡᆫ 即誦此經ᄒᆞ면 當有九天이 監生大神ᄒᆞ사 招神攝風ᄒᆞ야 遂生賢子ᄒᆞ리니 於其生產之時에 太乙이 在門ᄒᆞ고 司命이 在庭ᄒᆞ나 或有寃愆이나 或有鬼魅나 或有禁忌나 或有凶厄ᄒᆞ야 致令難產이어든 讀誦此經ᄒᆞ면 即得九天이 衛房ᄒᆞ시고 聖母ㅣ 默與抱送ᄒᆞ사 故能臨盆有慶ᄒᆞ며 坐草無虞ᄒᆞ리라 凡有嬰孩가 在於襁褓ᄒᆞ야 爲旃檀神王座下의 一十五種鬼가 加諸惱害ᄒᆞ야 因多驚癇커든 宜誦此經ᄒᆞ라

혼합장뎨칠

텬존언、셰인부부、기어혼합、혹범함지、혹범텬구、삼형륙ᄒᆡ、격각교가、고음과양、텬라디망、간어사식、다시고독、약욕구남、즉송차경、당유구텬、감싱ᄃᆡ신、초신셥풍、슈싱현자、어기싱산지시、ᄐᆡ을지문、사명지정、혹유원건、혹유귀미、혹유금긔、혹유흉익、치령난산、독송차경、즉

득구련위방、셩모、묵여포종、고능림분유경、좌초무우、범유영히、지어강보、위、젼단신왕좌하、일십오종귀、가져노히、인다경한、의송차경

註曰 世人、婚合育產、皆有神致、不知方向、不避太歲、偶爾犯之、其禍不淺、急宜誦經焚符、以解禳之、則自安榮也

義曰 凶吉兩途、互相齒之、如或不諧不育、天尊之號、宜誦之、必自然而消釋矣

釋曰 九天之大、前釋、立矣、此章、謂人間、婚姻子嗣、係於天尊所屬、子嗣聘嫁養育、非小事也、世俗、罔知而空於勸合之私、其悞多矣、如或犯之、夫北妻南、子息艱得、宜誦寶經、焚靈符、以釋之、則自然和睦、子孫昌泰也

讚曰 夫婦人倫事、兒男骨肉恩、要令家道睦、歸敬玉樞文

秋汀講曰 此經、婚姻之后、家宅撓亂、口舌往來、或夫爲反目、婦爲逆倫、或孕子難產時、取東桃枝、朱砂、書黃白大將軍五字、揷於屋上、誦此經則、不出七日、諸致永息

烏鼠章第八

天尊이 言ᄒᆞ사ᄃᆡ 若人居止에 烏鼠ㅣ 送妖ᄒᆞ며 蛇蟲이 嫁孽ᄒᆞ야 抛磚擲瓦ᄒᆞ며 驚雞弄狗ᄒᆞ야 邀求祭祀ᄒᆞ며 以至影脅夢逼ᄒᆞ고 及於奸盜ᄒᆞ야 而敢據其所居ᄒᆞ야 以爲巢穴ᄒᆞ야 遂使生人으로 被惑ᄒᆞ며 庭戶不淸ᄒᆞ야 夜嘯於樑ᄒᆞ고 晝瞰其室ᄒᆞ며 牛馬

犬豕가亦遭瘟疫ᄒᆞ야禍連骨肉ᄒᆞ고災及孳生ᄒᆞ며淫祠妖社도黨庇神奸ᄒᆞ면吊客이頻仍ᄒᆞ고喪車疊出ᄒᆞᄂᆞ니若誦此經ᄒᆞ면即使鬼精으로滅爽ᄒᆞ고人物이咸寧ᄒᆞ리라

조서장데팔

련존언、약인거지、조서송요、사충가얼、포전쳑와、경계롱구、요구제사、이지영협몽핍、급어간도、이감거기소거、이위소혈、슈사싱인、피혹、정호불청、야소어량、쥬감기실、우마견시、역조온역、화련골육、직급자싱、음사요사、당비신간、됴킥빈잉、상거쳡츌、약송차경、즉사귀졍、멸상、인물함녕

註曰 蓋此等之家、不崇綱常理道、不畏天地神明、口味厭穢、葷羶身履、邪淫殺盜、不遵公法、惟務私營、肆毒逞兇、恣行不善、是致鬼妬神憎、妖邪競起、若能悔過肯謝、誦經焚符、即得禍亂、不生、人物、安寧也

義曰 壁壞、盜入、業重、鬼來、致使六畜、興災、家神、不利、天尊、不以小故、亦垂大恩、多誦經文、其禍止矣

釋曰 正氣如天、邪魔敢犯、蓋由世人、治家不理、干瀆神魂、以致六神、不居則邪氣乘間而入、或鼠精蛇魈、拋擲驚形、血食無時、甚至染味家人、其禍不測、或盜、人家財物、移東易西、皆此類也、致使吊客喪門、挾靈肆志、即誦寶經、焚玉符、則人物、俱得以安寧也

讚曰 自作惡時邪亦作、我行善處即天行、世人忽有如斯難、宜篆靈符誦寶經

秋汀講曰 此經、惡夢連夜、六畜、多妖、恠之事、或盜賊數犯、姦人弄害、心神常々縮々、時、黃金、牛黃、白銀、懸於樑上、取西方白土、埋庭中、焚玉樞靈符、庭中誦經、不過三日、有驗

伐廟遣祟章第九

天尊曰九天雷公將軍과 五方雷公將軍과 八方雲雷將軍과 五方蠻雷使者와 雷部總兵神將과 莫驗判官이 發號施令을 疾如風火ᄒᆞ야 有廟可伐ᄒᆞ며 有壇可擊ᄒᆞ며 有妖可除ᄒᆞ며 有祟可遣ᄒᆞᄂᆞ니 季世末法에 多諸巫覡ᄒᆞ야 邪法流行ᄒᆞ며 陰肆魘禱ᄒᆞ니 是故로 上淸에 乃有天延禁鬼錄奸之庭과 帝猷東妖考邪之房ᄒᆞ니 能誦此經ᄒᆞ면 其應如響ᄒᆞ리라

별묘견슈장뎨구

텬존왈、구텬뢰공장군、오방뢰공장군、팔방운뢰장군、오방만뢰사자、뢰부총병신장、막잠판관、발호사령、질여풍화、유묘가벌、유단가격、유요가제、유슈가견、계셰말법、다저무격、사법류힝、음사염도、시고、상청、닉유、텬연금귀、록간지졍、졔유속요、고사지방、능송차경、기응여향

註曰 經中凡二十一段之天尊言、惟此章云天尊曰、蓋稱揚雷公將軍、使者、判官、發號施令、應響威德、故不直言也、巫覡之徒、務行邪術、妄構妖言、魘禳夫婦分離、蠱媚女流苟合、値此妖巫、誦寶經焚符籙、則雷司勤除、應報如響、人得安寧

義曰 天地無私、惟德是輔、善惡之報、勤如影響、學道之士、體天心而明己心則禍患、銷消、福祿、臻矣

釋曰 此章、天尊、自言雷司之聖也、如此、所以誅鬼斬邪、興雲降雨、皆我天尊、勅下方行、今世道俗、難分、或以不正之術、壞人倫而犯天律、誦此經、焚此符則立應、如響、豈不敬乎畏乎

讚曰 雷司明善惡、善拔惡當誅、邪法相侵害、惟多誦玉樞

秋汀講曰 此經、家宅、鬼妖作亂、夜或號之、人染狂病、目見異怪、五心亂動、口出虛妄言、是乃鬼祟、取霹靂棗木、執手誦經、三日或七日、或七七日、或百日、病愈鬼滅

蠱勞瘵章第十

天尊이 言ᄒᆞ사되 天瘟地瘟이 二十五瘟이며 天蠱地蠱가 二十四蠱며 天瘵地瘵가 三十六瘵니 能誦此經ᄒᆞ면 即使瘟癀으로 淸淨ᄒᆞ며 蠱毒消除ᄒᆞ며 勞瘵를 平復ᄒᆞ니 亦有其肉ᄒᆞ니라 或者先亾復連커나 或者伏屍故氣커나 或者塚訟墓注커나 或者死䰟染惹커나 或者屍氣感招면 凡此鬼神이 或悲思ᄒᆞ며 或恚恨ᄒᆞ야 牵

連執證ᄒᆞ고 併緣注射ᄒᆞ야 乘隙伺間ᄒᆞ야 乃得其便ᄒᆞ나니 故로 此經者ᄂᆞᆫ 上通三天ᄒᆞ며 下徹九泉ᄒᆞ야 可以追薦魂爽ᄒᆞ며 超度祖玄ᄒᆞ야 太上이 遣素車白馬大將軍ᄒᆞ야 以鑑之ᄒᆞ시니다

고로ᄎᆡ장뎨십

텬존언、텬온디온、이십오온、텬고디고、이십사고、텬ᄎᆡ디ᄎᆡ、삼십륙ᄎᆡ、능송차경、즉사온황、청졍、고독소졔、로ᄎᆡ평복、여유기유、혹자、션망부련、혹자、복시교긔、혹자、춍송묘쥬、혹자、사혼염야、혹자、시긔감초、범차귀신、혹비사、혹에한、견련집즁、병연쥬사、승극사간、ᄂᆡ득기편、고、차경자、상동삼텬、하쳘구쳔、가이、츄쳔혼상、초도조현、ᄐᆡ상、견、소거ᄇᆡᆨ마、ᄃᆡ장군、이감지

註曰 凡人、患瘟蠱瘵者、皆有所致、甚至滅絕一門、牢連六親、若誠心誦經、焚燒符篆、則雷司、差素車白馬之將、以救之、使人、不陷此若也

義曰 瘟蠱瘵疾、有自來矣、但能誠心深己、誦眞文、禮天尊、則不罹此若也

釋曰 瘟、乃不正之氣、蠱、乃無影之蟲、瘵、乃難爲之疾、蓋此三者、戕天尊、言有自來矣、祇緣復連相染、屍氣相薰、塚訟、相呼之所

致也、復連者、乃天之大厄也、世人、不知禳解、故、有絕門亡歿者、塚祟者、七祖寃愆之所致也、屍氣者、地上原有、遠年棺槨、化成小蟲、飛入飮食之中、或在器皿之內、食之、令人作蠱、凡人遷居、當誦經焚符、以勵之

讚曰 天地瘟蠱瘵疾、太苦、禍有其由、亦人自取、若誦玄文、可拔七祖、白馬將軍、能爲作主

秋汀講曰 先經、瘟疫大起、先亡後臥、或葬後、家宅不利、病連骨肉、家有怪異之物、出現靜夜、向北斗、淨水焚香、誦經、諸祟漸淸、明神報夢、即行積善、大吉

遠行章第十一

天尊이 言ᄒᆞ사ᄃᆡ 若或有人이 治裝遠行에ᄂᆞᆫ 賊盜騁奸ᄒᆞ며 五兵加害ᄒᆞ고 陸行則虎狼魈魊이 磨其牙ᄒᆞ며 水行則蛟龍黿鼉ㅣ 張其頤ᄒᆞ고 或灘瀨에 有幽枉之䰟ᄒᆞ며 或風濤에 有刼數之會ᄒᆞ야 前亾後化ᄒᆞ야 捉生代死ᄒᆞᄂᆞ니 能於此經에 歸命投誠ᄒᆞ면 故得水陸平康ᄒᆞ야 行藏이 協吉ᄒᆞ리라

원힝장뎨십일

텬존언、약혹유인、치장원힝、젹도빙간、오병가히、륙힝즉、호랑소역、마기아、슈힝즉、교룡원타、장기이、혹탄뢰、유、유왕지혼、혹풍도、유、겁슈지회、젼망후화、착싱ᄃᆡ사、능어차경、귀명

두셩、고득슈륙평강、힝장협길

註曰 凡人出行、陸行、或遇賊迎兵、或逢蛇虎惡蜮山魈、水行、或値蛟龍黿鼉鱷鰐、作浪興風、滯魄沈魂、求生捉替、或遭劫會、或漂墮他方、常預備符篆防之、可水可火、亦急誦寶號、立免諸戹矣

義曰 出入動靜、宜愼宜謹、若能平昔、奉持經篆、則此患、何由而至也

釋曰 動靜行藏、須當愼之、所以吉凶悔吝、生乎動、是故、一動、只一吉字、其三字、皆非美也、出入、可不謹乎、凡欲遠行、必須先誦寶經、佩符命則吉無不利

讚曰 水陸行藏、世不無、鬼神作耗暗潛圖、一稱普化天尊號、珮帶眞王玉篆符

秋汀講曰 此經、人或遠行乘舟時、玉樞靈符、佩之、此經、藏於行李中則、盜賊鬼魔、不侵、兵亂時、誦經佩符、諸神暗護、身獨無難、々々、移家前、三日誦經后、發程

亢陽雨澤章第十二

天尊이 言ᄒᆞ사ᄃᆡ 亢陽爲虐ᄒᆞ야 雨澤이 愆期어든 稽顙此經ᄒᆞ면 應時甘澍ᄒᆞ고 積陰爲厲ᄒᆞ야 雨水浸淫커든 稽顙此經ᄒᆞ면 應時朗霽ᄒᆞ고 祝融扇禍ᄒᆞ야 飛火民居ᄒᆞ며 赤鼠游城ᄒᆞ야 驚擾黎庶면 此經이 可以禳之ᄒᆞ며 海若이 失經ᄒᆞ야 魚鼈妄行ᄒᆞ며 洪水

滔天ᄒᆞ야 民生墊溺ᄒᆞ면 此經이 可以止之ᄒᆞ나니라

향양우뢰장뎨십이

뎐존언、향양위학、우탁、건괴、비상차경、응시감주、젹음위려、 우슈침음、계상차경、응시랑졔

츅융션화、비화민거、젹셔유셩、경셜려셔、차경、가이양지、히약실경、 어별망힝、홍슈도쳔、민

셩졈익、차경、카이지지

註曰 此章、天尊、爰群生之心、切切、久旱久陰、實天地之氣不和、乃人民之業、難釋、以致三界震怒、水勢山崩、祝融扇禍、鳥鼠逞妖、黎庶不安、若人、遭此時歲、宜誦此經、焚此符篆、晴雨得宜、人民自安也

義曰 陰陽失律、如旱還勢、莫非皆出於天司之令、蓋惡業氣不消、正眞之道、不崇也、天尊斡旋造化、以生生之心、長養羣品、其不可讀歟耶

釋曰 陰晴晦明、非細事也、上繫天庭、下關洞府、亦猶二氣之不和故也、凡遇此水旱之時、志士、嚴齋道場、誦靈文焚玉篆、則不旱可雨而雨可晴矣

讚曰 水旱爲災、可關天地、誠心誦經、晴明甘霈

秋汀講曰 此經、霖雨連日、水害不小、即誦此經、屋上、揷黃木、朱砂、書九天應元雷聲普化天尊退雲散雨牌、則家屋、不破

蹶、流水不侵入、身
墜陷溺、蛇虫遠遁

免災橫章第十三

天尊이言ᄒᆞ사ᄃᆡ世人이欲免三災九橫之厄이면卽於靜夜에稽首北辰ᄒᆞ라北辰之上에上有三台ᄒᆞ니其星이並躔ᄒᆞ야形如雙目ᄒᆞ야疊爲三級ᄒᆞ야以覆斗魁ᄒᆞ니是名天階라若人見之면生前에無刑囚之憂ᄒᆞ고身後에不淪沒之苦ᄒᆞᄂᆞ니라斗中에復有尊帝二星ᄒᆞ야大如車輪ᄒᆞ니若人見之면留形住世ᄒᆞ며長生神仙ᄒᆞᄂᆞ니歸命此經ᄒᆞ야投心北極ᄒᆞ면卽有冥感ᄒᆞ니라斗爲天樞ᄒᆞ고中有天罡ᄒᆞ야在內則爲廉貞ᄒᆞ며在外則爲破軍ᄒᆞ야雷城十二門이並隨天罡之所指ᄒᆞ나니罡星이指丑이면其身이在未ᄒᆞ야所指者吉ᄒᆞ고所在者凶ᄒᆞ며餘位皆然ᄒᆞ니若人見之면壽可千歲ᄒᆞᄂᆞ니라

면지횡장뎨십삼

텬존인、셰인、욕면삼ᄌᆡ구횡지ᄋᆡᆨ、즉어졍야、계슈북신、북신지상、상유삼ᄐᆡ、기셩병젼、형여쌍목、쳡위삼급、이부두괴、시명텬계、약인견지、ᄉᆡᆼ젼、무、형슈지우、신후、불、륜몰지고、두즁、부

유존졔이셩、딕여거륜、약인견지、류형쥬셰、장셩신션、귀명차경、두심북극、즉유명감、두위텬
츄、죵유텬강、지니즉、위렴졍、지외즉、위파군、뢰셩、십이문、병슈텬강지소지、강셩、지츅、기
신지미、소지자길、소지자흉、여위기연、약인견지、슈가쳔셰

註曰

北辰、北宸星也、辰星五位、乃帝座星也、居常不動、而衆星皆拱之也、且北斗居天之中、爲天之樞紐、幹運四時、凡天地日
月、五星羅列、六甲、二十八宿、諸仙衆眞、及下元生人、上自天子、下及黎庶、壽祿貧富、生死禍福、幽冥之事、無不屬於北斗之總統也、
太上、授以天師張君北斗經訣、若有危厄、急告北斗、禮本命眞君、方獲安泰、又得三台生、三台養、三台護也、三台星、有六座、上中
下三台、名天階者、即太上升降之道也、其勢橫亘北斗第二魁星、上台、虛精、中台、六淳、下台、曲生、乃星君內諱也、知星名者、衆惡消
除、諸善備至、見星像者、生無刑憂、死無諸苦、凡於靜房端坐思三台、覆頭、次思兩腎、氣從胃出、興三台相連、久久思畢、啄齒二七、鼻
微微內氣、閉口滿咽而畢、乃呪曰、節節榮榮、願乞長生、太玄三台、常覆我形、出入往來、萬神攜衆、步之五年、仙骨自成、步之七年、合
樂皆情、步之十年、上昇天庭、急急如律令、可明頭瞎、仰拜禮、百事皆遂、又北斗乃陰陽之精神、精耀九道、光蔭九天、七現二隱、世人、
惟見七星、不見尊帝二星、此二星、即輔弼帝眞、太尊宸君、乃天地魂魄之威神、輔星主天曰常、弼星主地曰空、空者九天之魂精、常
者、九地之魄靈、天休地泰、空常曤藏、天杳地激、空常渙明、變化萬氣、改易陽陰、四時代謝、莫不由焉、二星尊貴、隱伏華宸、九天亦秘、
其靈之音、不行於世、諸得道高仙貴眞、乃得見之、其[illegible]名、遂[illegible][illegible]俗、祿濁人星光、所不照臨、難可得見矣、[illegible]亦有之、偶見之者、人俗人、

脫有機見切不可言泄則身被兵火卒形獲考地獄生死父母受罪於三官聽禮之法常以每月初三日及二十七日夜勿令人知陰下中庭燒香禮誦呪曰尊帝二星北極之靈輔臣朝見見卽長生福慶無窮天與長齡誠心久久更念此經默有感通自當見也亦不可泄其天罡名在斗樞之內星形與破軍星相對此星紅色精大每一時辰隨斗柄照臨地支一方位時時運轉無有停息經云天罡所指晝夜常輪是也雷號按地支有十二門雷欲發聲郤隨天罡其時所指方位之門乃發聲也且如天罡坐於未對指丑宮何故郤有吉凶蓋天罡正氣能生能殺若所指向之處卽是生方故有生氣取之則可以治病補虛安神郤禍消災延生度厄也所在之處照有殺氣用之可以斬鬼驅邪夷兇禁羈誠毒制魔故所指者吉所在者凶也

義曰

九曜三台乃一身之主宰爲萬象之樞機也學者當依法而朝奏之無不感應

釋曰

三台之星尊之大之其斗中二尊帝之星者何也乃天地之魂魄造化之樞機也夫學道之士徒知朝眞禮斗之誠而不解仰尊帝二星之遠徑也又有天罡之星在北斗之後隨雷門開處而指雷門十二者乃十二時經旨明言所指者吉所在者凶卽是雷門也學者欲朝斗瞻星法見註內見之則人壽永而福厚也經云每歲二月二十日三月初三日五月二十日六月八日八月二十七日九月十八日隨力章離拜念本命星君名號懺罪悔過

讚曰

玄門之妙人言深奧功行成時當朝九曜

秋汀講曰

此經世人先天之氣不足多致短命橫死宜隨此經立秋節每靜夜設壇稽首北辰暗室獨處如此百日則目

光漸朗、千日則慧
智澄明、壽延千歲

五雷斬勘章第十四

天尊이言ᄒᆞ사ᄃᆡ世衰道微ᄒᆞ야人無德行ᄒᆞ야不忠君王ᄒᆞ며不孝父母ᄒᆞ며不敬師長ᄒᆞ며不友兄弟ᄒᆞ며不誠夫婦ᄒᆞ며不義朋友ᄒᆞ며不畏天地ᄒᆞ며不懼神明ᄒᆞ며不禮三光ᄒᆞ며不重五穀ᄒᆞ야身三口四ᄒᆞ고大秤小斗ᄒᆞ야殺生害命ᄒᆞ고人百己千ᄒᆞ야奸私邪淫과妖誣叛逆이從微至著ᄒᆞ야三官이鼓筆ᄒᆞ며太乙이移文ᄒᆞ야即付五雷斬勘之司ᄒᆞ야先斬其神ᄒᆞ고後勘其形ᄒᆞ며斬神誅魂ᄒᆞ야使之顚倒ᄒᆞ고人所鄙賤과人所嫌害와人所怨惡으로以致勘形ᄒᆞ야震屍ᄒᆞ야使之崩裂ᄒᆞ고驅其捲水ᄒᆞ며役其驅車ᄒᆞ야月斅旬校ᄒᆞ되復有考掠ᄒᆞᄂᆞ니、一聞此經ᄒᆞ면其罪即滅ᄒᆞ고若或有人이爲雷所瞋ᄒᆞ야其屍不擧ᄒᆞ야水火不受커든即稱

九天應元雷聲普化天尊ᄒᆞ야作是念言ᄒᆞ면萬神稽首ᄒᆞ야咸聽吾命ᄒᆞ리라

오뢰참감장뎨십사

텬존언、셰쇠도미、인무덕힝、불충군왕、불효부모、불경사장、불우형뎨、불셩부부、불의붕우、

불외텬디、불구신명、불례삼광、불즁오곡、신삼구사、ᄃᆡ칭소두、살ᄉᆡᆼᄒᆡ명、인ᄇᆡᆨ긔쳔、간사사
음、요무반역、종미지져、삼관고필、ᄃᆡ을이문、쥭부오릐、참감지사、션참기신、후감기형、참신
쥬혼、사지텬도、인소비쳔、안소협히、인소원악、이ᄎᆡ감형진시、사지봉멸、구가권슈、여기구
거、월희순교、부유고략、일문차경、기죄쥭멸、약혹유인、위릐소진、기시불거、슈화불슈、쥭칭
구텬응원릐성보화텬존、작시념언、만신계슈、합청오명

註曰 若有一犯、理應誅滅、豈雷司天府、一一轟之、即今伏法不遣刑、刀兵水火、但死於非命者、皆是也、蓋人始以小惡、爲之不改、

日積月增、遂成大咎、罪己彰著、又不悔悟、三官太乙、考覈文移、五雷之司、先斬神魂、伺其時至、然後施行、其死魂、刼聽雷司驅役極

考也、若人改過遷善、歸命忠孝、其罪即滅、凡男女爲雷所瞋、冠檳鬆髮、不若被人、燎去、亦可善歸告天尊、取自聖裁、萬神皆聽其命令也

義曰 三綱五常、乃萬古不易之理、豈容悖逆而妄行也、殺乃人之命、國之寶、豈可不珍惜而愛護耶、近世淺薄、不忠不孝、不義

不仁、嗜奢侈而驕淸淡、賤道德而習奸詐、致使禍疊至、何不思之天尊、幸開大路、宜履之行之則諸惡不生矣

釋曰 人生天地之間、稟二氣備五常、履仁義而守忠孝、何故恣意輕生、爲諸不道之事、大則雷司震怒、暴屍於市、小則官府加

刑於身、是故、善可爲而惡不可作也、雷司以不仁之人、驅役作善之士、自當保拔也、如有稱天尊之號者、則萬神無不拱聽也

讚曰 忠孝當爲本、陰陽即我家、要消諸惡業、不必誦南華、

秋汀講曰 此經、人之品行、違禮、言語妄動、人多輕侮、以致禍害、損害無端、宅不吉利、即於庚辛癸日、設壇、至誠、念誦焚符、禍去福來、前厄自消

寳經功德章第十五

天尊이 言ᄒᆞ사ᄃᆡ 此經功德은 不可思議라 往昔刼中에 神霄玉淸眞王과 長生大帝의 所曾宣說이시니 至士ㅣ 授經ᄒᆞ고 皆當剗金置幣ᄒᆞ야 盟天以傳ᄒᆞ라 雷師皓翁이 長跪拜興ᄒᆞ시고 重白ᄒᆞ시ᄃᆡ 天尊이 言ᄒᆞ사ᄃᆡ 是經在處에 當令土地司命으로 隨所守護ᄒᆞ고 雷部按臨ᄒᆞ야 以時稽審ᄒᆞ나니 若人家에 有此經ᄒᆞ야 至誠安奉ᄒᆞ면 即得祥烟이 滿庭ᄒᆞ고 慶雲이 蔭軒ᄒᆞ야 禍亂이 不萌ᄒᆞ고 吉福이 來萃ᄒᆞ며 于其亾歿에 不經地獄ᄒᆞᄂᆞ니 所以者ㅣ 何오 死即往生ᄒᆞ고 生歸善道ᄒᆞ야 承天尊力ᄒᆞ야 有此靈通ᄒᆞ니 出入起居에 珮帶此經ᄒᆞ면 衆人이 所欽ᄒᆞ며 鬼神이 所畏ᄒᆞ고 遇諸險難커든 一心稱名ᄒᆞ되 九天應元雷聲普化天尊이라ᄒᆞ면 悉得觧脫ᄒᆞ리라

보경공덕장뎨십오

텬존언、차경공뎍、불가사의、왕셕겁즁、신소 옥청진왕、장ᄉᆡᆼᄃᆡ졔、 소즁션셜、 지사슈경、 ᄀᆡ
당、전금치폐、밍텬이전、뢰사호옹、장궤비흥、즁ᄇᆡ
텬조언、시경지쳐、당령토디 사명、슈소수호、뢰부안림、이시계심、약、인가、유차경、 지셩안
봉、쥭듁상연、만졍、경운、음헌、화란불밍、길복ᄅᆡ취、우기망몰、불경디옥、소이자하、 사쥭왕
셩、싱귀션도、승텬존력、유차령둥、츌입긔거、피ᄐᆡ차경、즁인소흠、귀신소외、 우져험난、일심
칭명、
구텬응원뢰셩보화텬존、실득희달

註曰 天尊、發大慈悲、說是寶經、上利諸天、下濟群品、至士授經、必用金帛爲信、以質其心、告盟上天、然後、傳付其品、金帛者、得、欲質心盟天、豈較多寡、金帛雖微、盟約、實重、大聖、非吝惜而不普及、恐人、輕慢、故、諄切以論、雷師、宜令土地司命、在處守護也、若人、侍、奉天尊、持誦經號、致感聖眞、降庭故、祥雲繚繞、生、奉眞詮、則死歸善道、更能依式、篆符書寫此經、至誠珮帶、諸難、不生、人神、敬畏也

義曰 此章之意、令人、誠信不欺、後學君子、當依經而行、則庶幾其不差也

釋曰 雷師皓翁、拱聽天尊至化、喜不自勝、於是、長跪再白天尊曰、自今而後、至士授經、當以金帛盟心、以傳其文、是經在處、宜令土地司命、隨所守護、雷部按臨、以時稽察、如此奉誦則門庭有慶、祖宗超昇、珮帶之者、人所欽敬、鬼神畏服、遇難則稱天尊之號、

悉得解脫。此章、言往昔劫中之語、非我天尊元言、乃雷師皓翁之擧也。誦經君子、宜從咸聽吾命。至此經、不可思議也

讚曰

不貴黃金貴赤心、初異學道外魔侵、至誠肯與盟天地。剋日款君聽玉音

秋汀講曰

此經、世人、沉於貧賤、百事經營、多不遂意、謂志自嘆之時、或志富、或志仕顯達、或求了得孫、如斯願中、一心誠祈、敬誦此經、不出三七日、其靈驗無比

寶偈章

於是에雷師皓翁이對天尊前하사而說偈曰、無上玉淸王、統天三十六、九天普化君、化形十方界、披髮騎麒麟、赤脚躡層冰、手把九天氣、嘯風鞭雷霆、能以智慧力、攝伏諸魔精、濟度長夜魂、利益於衆生、如彼銀河水、千眼千月輪、誓於未來世、永駇天尊教、時에雷師皓翁이說是偈已하시니라

어시뢰사호옹、티、텬존젼、이、셜게왈
무상옥쳥왕
통텬삼십륙

구텬보화군
화형십방계
피발긔긔린
젹각셥층빙
슈파구텬긔
소풍편뢰졍
능이지혜력
셥복져마졍
졔도장야혼
리익어즁싱
여피은하슈
쳔안쳔월륜
셔어미릐셰
영양텬존교

시、뢰사호옹。설시게이

註曰 此章、雷師皓翁、頓有所悟故、說是偈、以稱歎天尊好生大德之萬一、所以文義、瀏亮、語言、難擇、其功德、不可思議也

義曰 天尊之德、無可以體雷師皓翁故、以銀河、喩之、乃言其天尊之元氣、至清至貴、至聖至明者也

釋曰 雷師皓翁、心服神通、無以讚歎、遂作此偈、然、我天尊所統三十六天之尊、化十方世界之廣、遊諸天時、披紺髮而騎麒麟、破九泉時、赤其足而躡層冰、手把九天氣者、即金光明之如意也、嘯颩、鞭雷霆、乃天尊之號令也、斬鬼除妖、濟物利人、乃天尊、利益於衆生也、銀河之水、人不可見、不可測之玄玄也、千眼千月輪者、使諸有情歸敎之士、猶如天尊之在目前也、發願廣大、永闡天尊之敎也

讚曰 讚歎天尊、誠哉是偈、普化無邊、祖劫一氣

秋汀講曰 麒麟隱世兮、明珠入玄、獨善其身兮、豪志欲飛、雲漢無便兮、修翼養羽、此生六六兮、美人將出、一騰天漢、四海澄淸

報應章上

天尊이言ᄒᆞ사ᄃᆡ此經을傳世ᄒᆞᄃᆡ人이未知라吾今所治九天應元府에府有九天雷門使者ᄒᆞ야以糾錄典者와廉訪典者로佐之ᄒᆞ며復有四司ᄒᆞ니一曰掠

剩司오二曰積逮司오三曰幽枉司오四曰報應司니各有大夫ᄒᆞ야以掌其事ᄒᆞ며吾之所理를卿師使相ᄒᆞ며咸讚元化ᄒᆞᄂᆞ니라

련존언、차경전세、세인디지、오금소치、구련응원부、부유구련리분ᄉᆞ자、이、규록면자、렴방면자、좌지、부유사사、일왈、량잉사、이왈、젹체사、삼왈、유왕사、사왈、보응사、각유티부、이장기사、오지소리、경사사상、함찬원화

註曰 天尊、自言、所治之司、官兵將吏、善惡、各付其職、所以生殺之權、皆由天尊之命令、三界萬靈、莫不皆奉行也

義曰 此章、天尊、自言善惡功業、各有所司、皆讚成元化也

釋曰 此章、經問、己畢、天尊、慮後學之上、不知所治之屬、所以列言、凡所祈求、諸司官將、吏兵、聞吾之號令、咸讚元化也

讚曰 設司分屬掌雷霆、風火蠻廉號令明、善貪惡誅如影響、九天无不順人情

秋汀講曰 有情靈明之性、顯則塞諸宇宙、隱則藏于微塵、亙古亙今、照徹無方、如同太虛、無欠無餘、往古諸聖、不增一點、今來衆生、不滅秋毫、然只因世人、纏網愛欲、自昧靈性、沉淪惡道、故、天尊之慈悲、爰至於斯、俾令衆生、却衆昏而獨哲靈臺、超群迷而忝登仙界、又多歧之趣路、而歸無一之大道、天尊之宿願、眞仙之廣希者也、衆生、智愚、不同、淸濁、自異、稟氣、各殊、根氣、差別、故、因其方便、設門亦異、先以善惡、引導、次以賞罰、切論、志道之士、於此章、非當不擊節而歎也

報應章下

天尊이說是經畢ᄒᆞ시니 玉梵七寶層臺에 天花繽紛ᄒᆞ며 瓊香繚繞ᄒᆞ야 十方諸天帝君이 咸稱善哉ᄒᆞ시며 天龍鬼神과 雷部官衆과 三界萬靈이 皆大歡喜ᄒᆞ야 信受奉行ᄒᆞ니라

텬존、설시경필、옥범칠보층ᄃᆡ、텬화빈분、경향료요、십방、저텬제군、함칭선재、텬룡귀신、뢰부관즁、삼계만령、기ᄃᆡ환희、신슈봉힝

註曰 說經己矣、諸天帝君、雷部鬼神、悉皆讚歎、踊躍而去、凡我同志信士善人、得遇寶經、當洗心滌慮、至誠誦禮眞文、則禍難、不荊、永保長生者也

義曰 宜經讚化、三界十方、皆得如意、夫學者、得遇寶經玉篆、可齋心滌慮、酌水獻花、如法誦之篆之則諸禍不生、衆善駢集也、令至士、體天心而洗己心、閱眞文而造玄文、豈可不盡力奉持、以廣大其化也哉

釋曰 寶經玉篆、非奉三淸上境之勅至、玉淸眞王之令、則不能垂示於世而化諸有情者也、令經旨拔正、註釋分明、玉篆金章、燦然暸目、凡祈請之士、可不洗心沐體、以閱玄文也、至士道齡、職守都功、位居左院、用己神無結之英、成天尊普化之德、是日、文成亦列聖眞之左、而誦禮者、不可褻瀆、大則天誅、小則禍及也

讚曰 寶經聞滿、咸稱善哉、消災赦罪、禍去福來、

秋汀講曰 設味之好、不如食之、觀經之美、不如練修、大疑之下、必有大悟、至工之餘、必有大名、無種而望熟、無作而欲成、虛僞邪見妖術、輕慢道經、業報地厚、難免雷聲霹靂之厲矣、余至此章、投筆而今曰百年光陰石火爍、一生身世水泡漚、不知大道出迷路、雖有賢才豈丈夫

神將退文(신장퇴문)

水火相盪分乾坤(슈화상탕분건곤)
大禹造鼎列萬象(듸우죠정렬만상)
八域十方各有界(팔역십방각유계)

靈靜神動曰天地(령정신동왈텬디)
大道一兮枝萬葉(듸도일혜지만엽)
二氣殊徑合往復(이긔수경합왕복)

聖功赫照遍諸土(성공혁조편저토)
五行從令養萬物(오힝종령양만물)
四生六道設陰陽(사싱륙도셜음양)

形有智愚靈鬼神(형유지우령귀신)
業風吹到鬼妖亂(업풍취도귀요란)
下界群生沉輪廻(하계군싱침륜회)

魔揚陰道姦作孽(마양음도간작얼)
賊入寶藏昧天理(적입보장미텬리)
五形散亂變萬身(오형산란변만신)

魑魅魍魎戲無邊 리매망양희무변
四十八將降魔劒 사십팔장강마검
凶穢消蕩日月晴 흉예소탕일월청
七曜九元魂魄安 칠요구원혼빅안
陰邪妖孽囚鐵圍 음사요얼슈철위
波旬殺鬼歸聖域 파슌살귀귀성역
七十二地神威力 칠십이디신위력
森羅日月壺乾坤 삼라일월호건곤
滌去妄念還本第 척거망념환본뎨

雷聲一振玉樞符 뢰성일진옥추부
打破崑崙捕邪精 타파곤륜포사정
山神土地聞誦經 산신토디문송경
青龍白虎不移方 청룡빅호불이방
三界魔王束手藏 삼계마왕속슈장
地中陰怪覺正路 디중음괴각정로
十方虛空隱微塵 십방허공은미진
三十六宮都春光 삼십륙궁도츈광
普化天尊攝號令 보화텬존셥호령

紫微眞靈入三昧 자미진령입삼매
五方神將列旗幡 오방신장렬긔번
侍衛吾身除萬劫 시위오신제만겁
天官律令莫敢違 텬관률령막감위
五岳鬼卒化微塵 오악귀졸화미진
三十六天雷律令 삼십륙텬뢰률령
羣生安樂永泰平 군생안락영태평
有情無情歡仙樂 유정무정환선악
塵土刹羅琉璃界 진토할라류리계

羣星萬靈登上天(군셩만령증상텬) 四十八將從符道(사십팔장죵부도) 山王護山神守家(산왕호산신수가)

五道八方神安寧(오도팔방신안녕) 靑龍之神還東方(청룡지신환동방) 白虎之神歸西方(백호지신귀셔방)

朱雀之神定南方(쥬작지신졍남방) 玄武之神治北方(현무지신치북방) 句陳螣蛇陰陽神(구진등사음양신)

保佑中央護人道(보우즁앙호인도) 陽神上昇陰神下(양신상승음신하) 晝神夜神歸日月(쥬신야신귀일월)

泥丸明堂神常寧(리환명당신상녕) 五華五臟神守靜(오화오장신슈졍) 動神靜神準法度(동신졍신쥰법도)

各率神兵安方位(각솔신병안방위)

呪曰 吾奉(오봉)

九天應元雷聲普化天尊律令(구텬응원뢰셩보화텬존률령)

[illegible][illegible][illegible]山[illegible]嚩囉娑婆訶(뒨언、졍산병박라사바아)

符篆一十五道

凡書一篆當焚香起大敬心心觀

天尊寶相口誦天皇神呪硃砂書之常時仍用槐黃紙貼護篆文

用則展啓以後符文一體如之

學道希仙第一章符篆 학도희선제일장부전

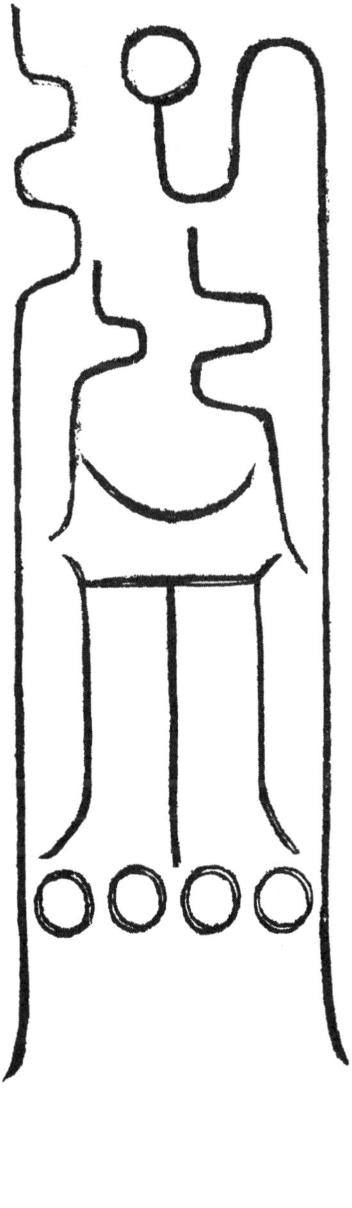

召九靈三精第二章符篆

소구령삼정뎨이장부전

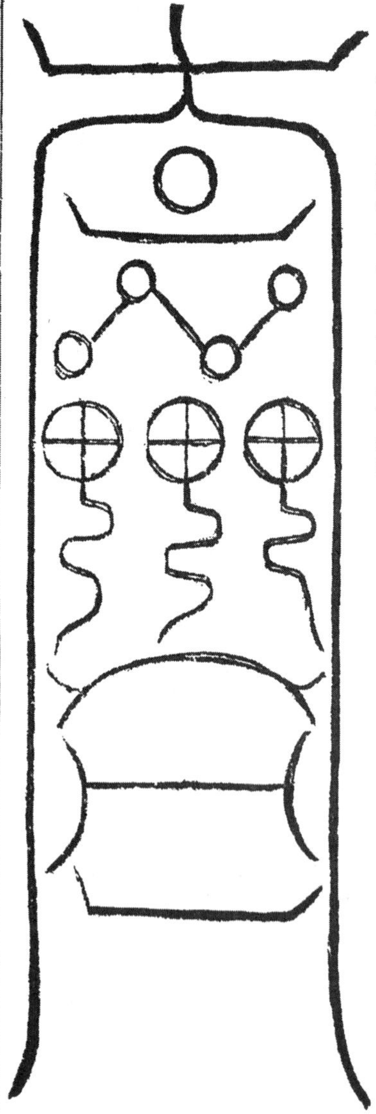

解五行九曜剋戰刑冲第三章符篆

히오힝구요극전형충뎨삼장부전

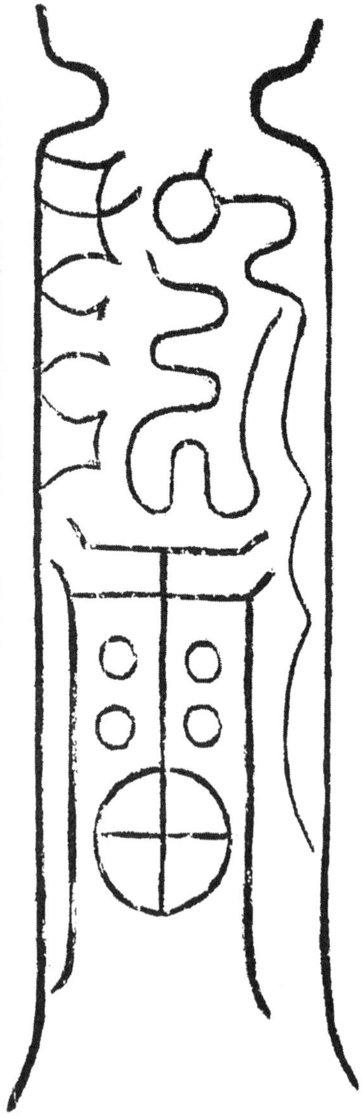

沉痾痼疾呪詛冤愆第四章符篆 (침아고질쥬저원건뎨사장부전)

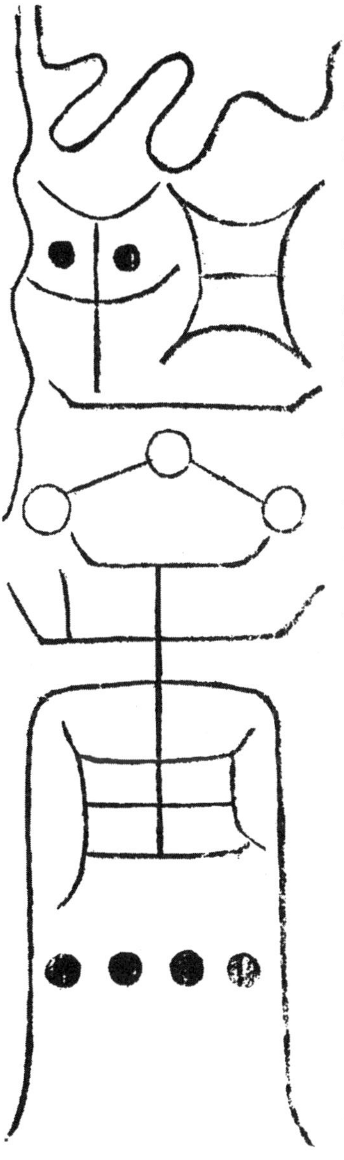

消散官符口舌第五章符篆 (쇼산관부구설뎨오장부전)

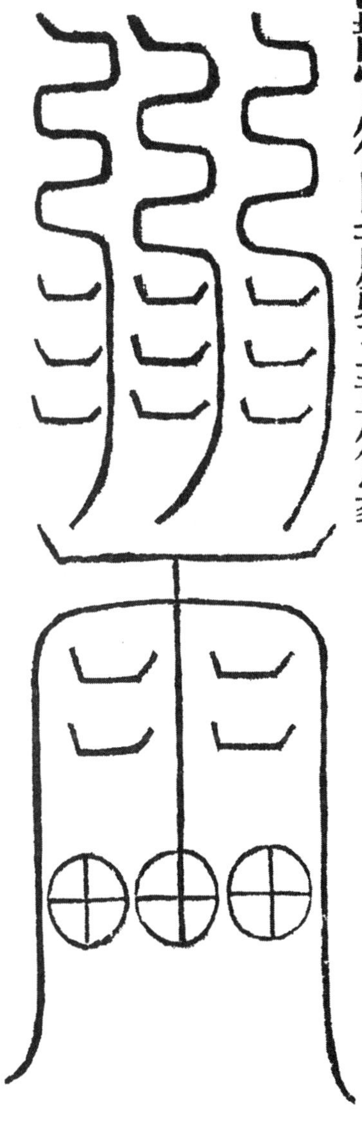

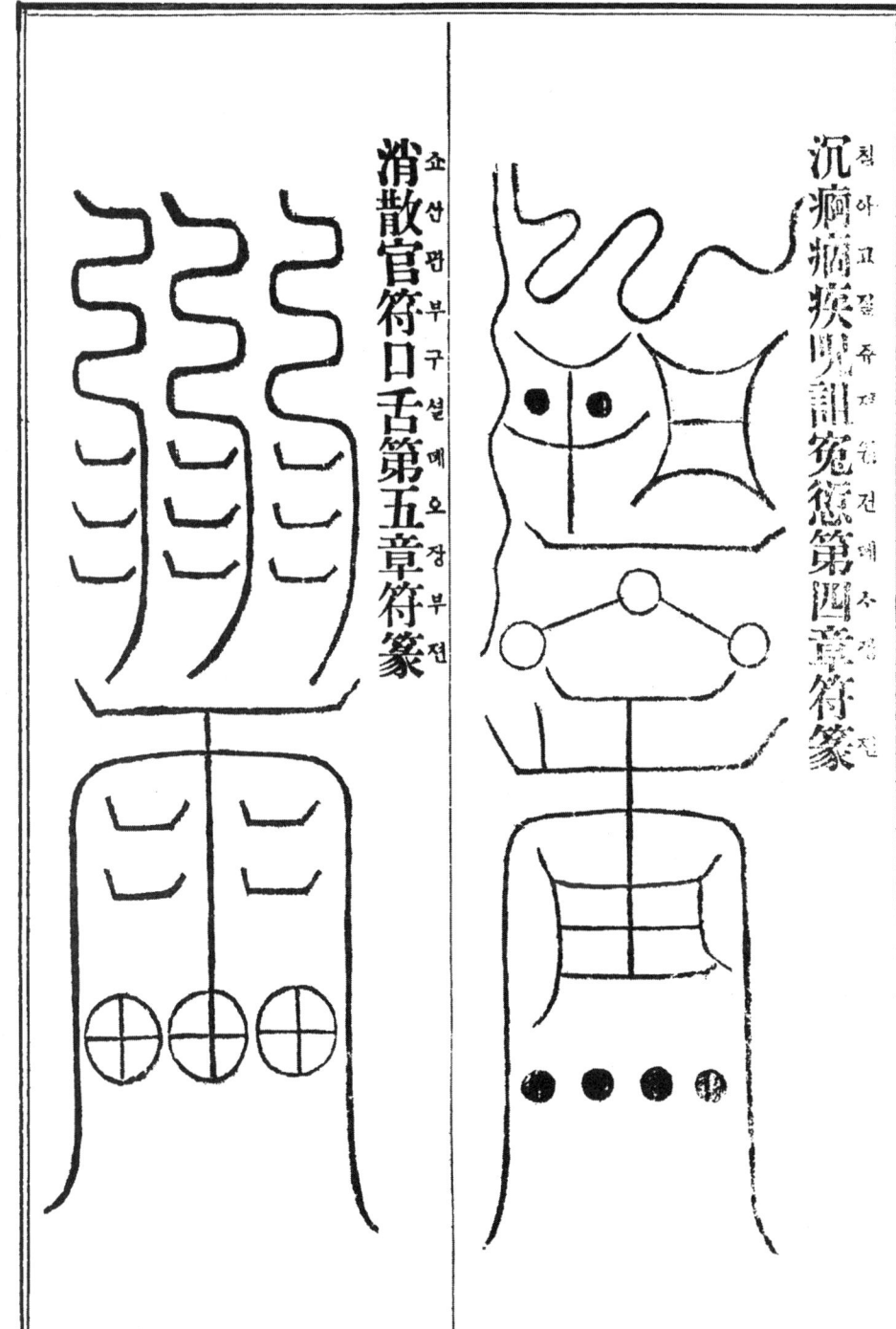

禳解士皇神煞禁忌第六章符篆
양히도황신살금기뎨륙장부젼

求嗣息衛產難保嬰孩第七章符篆
구사식위산난보영히뎨칠장부젼

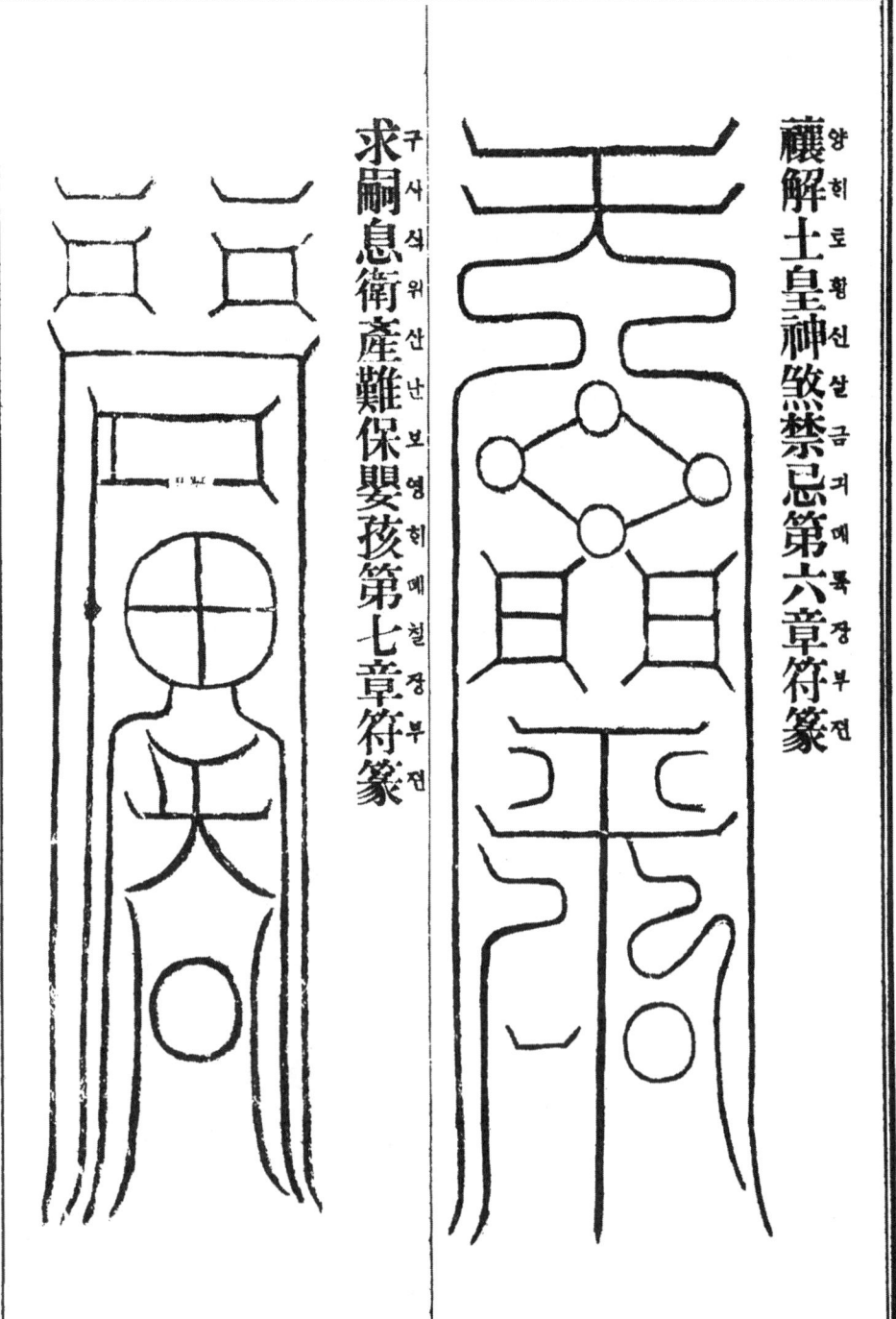

滅鳥妖鼠怪蛇孽第八章符篆 (멸됴요서괴사얼뎨팔장부젼)

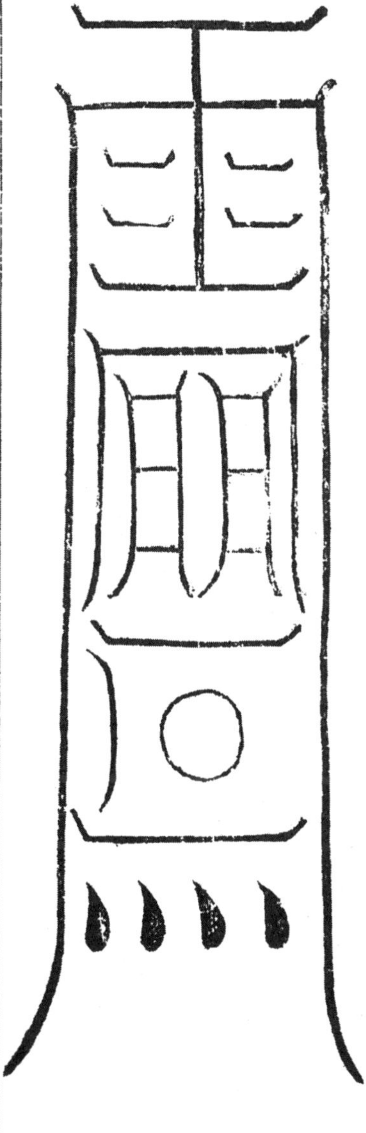

遣祟除妖滅邪巫魔第九章符篆 (견슈제요멸사무마뎨구장부젼)

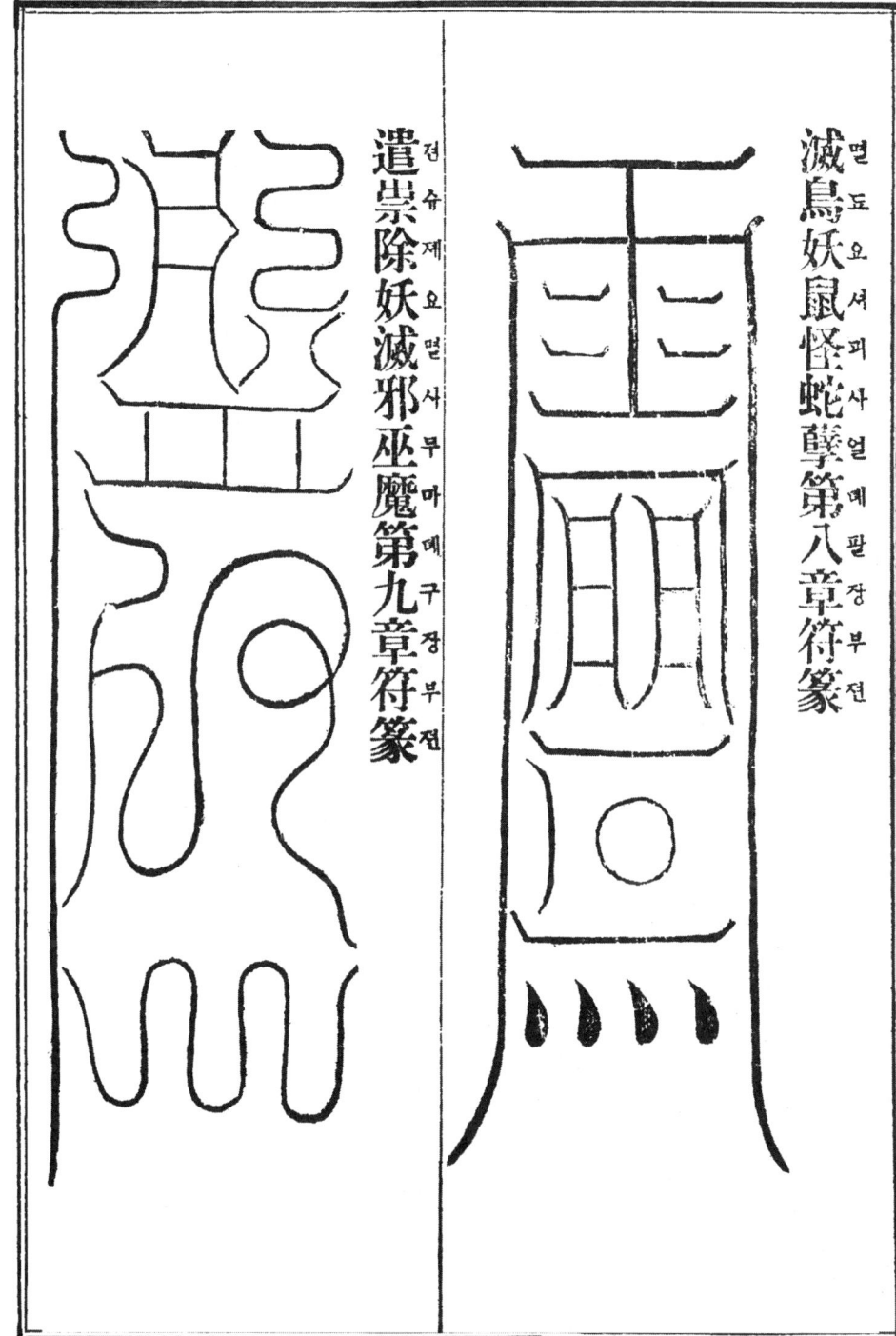

消際蠱瘵超度祖玄第十章符篆 (쇼졔고채쵸도죠현뎨십장부젼)

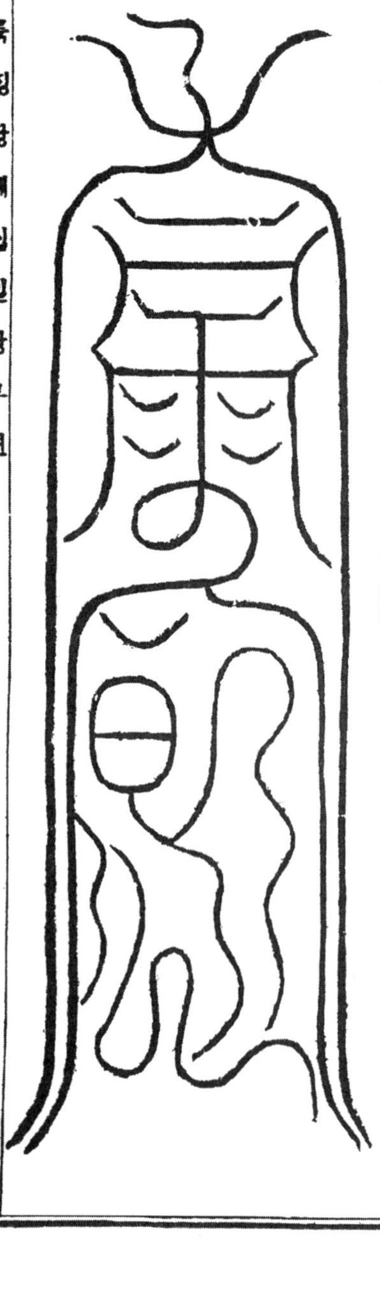

水陸行藏第十一章符篆 (슈륙힝장뎨십일장부젼)

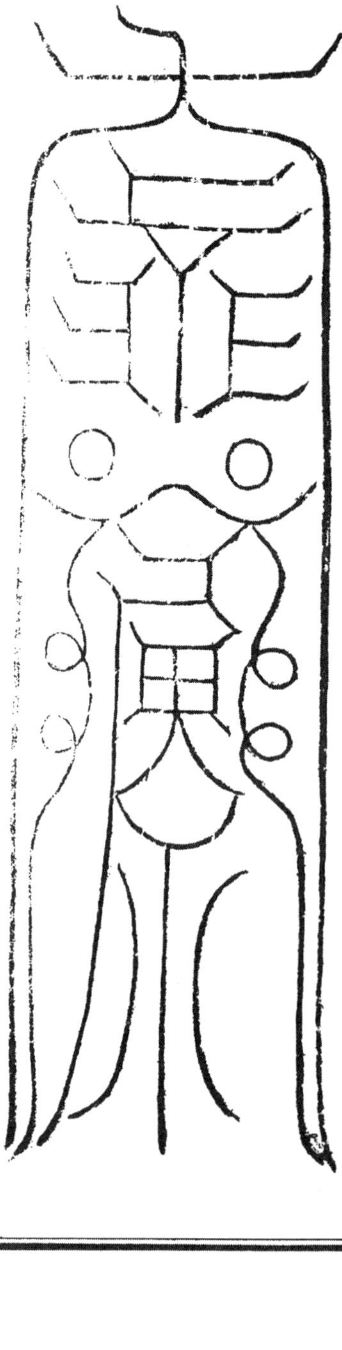

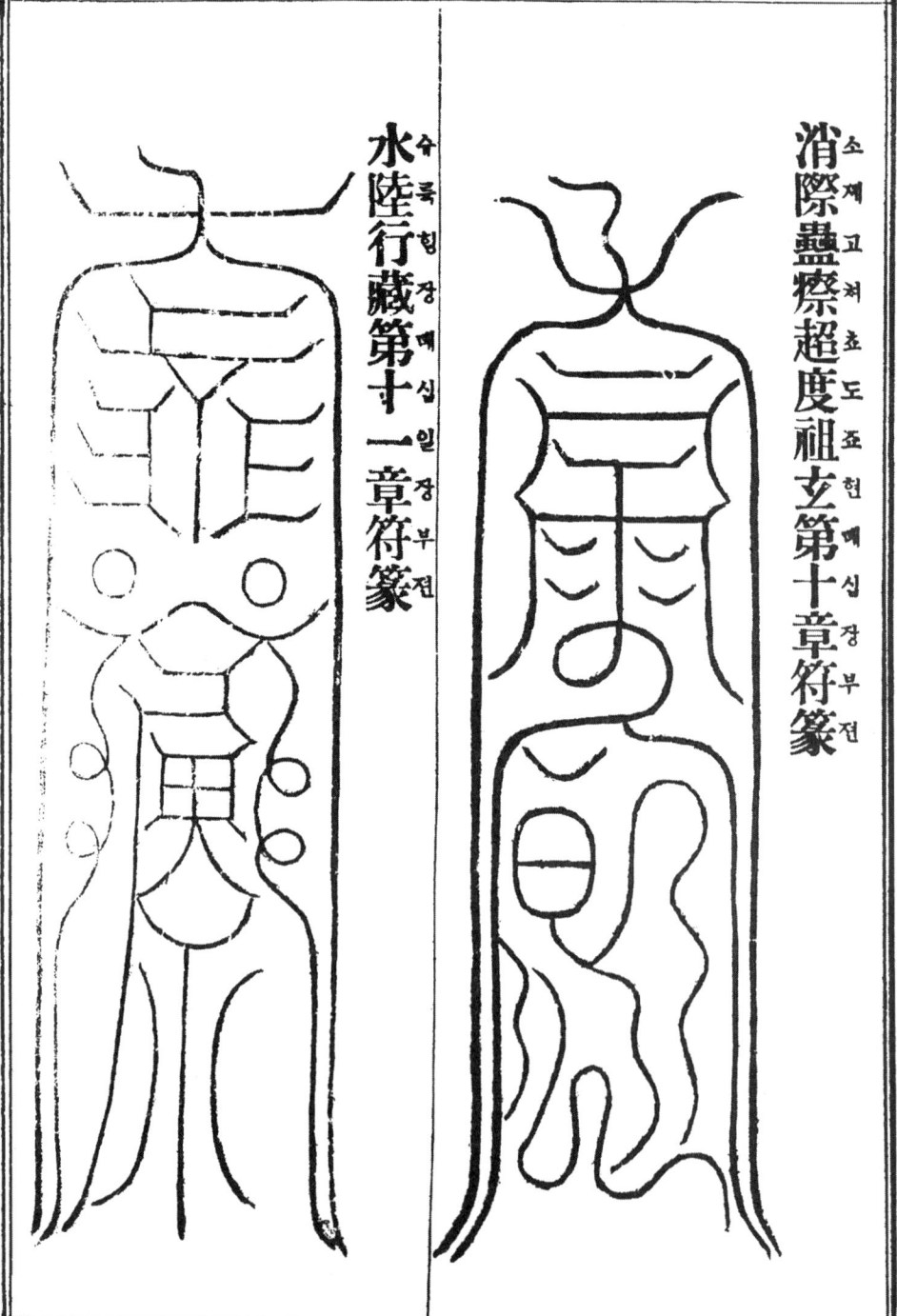

禱雨祈晴止禳水災火厄第十二章符篆

도우긔정지양슈저화외데십이장부전

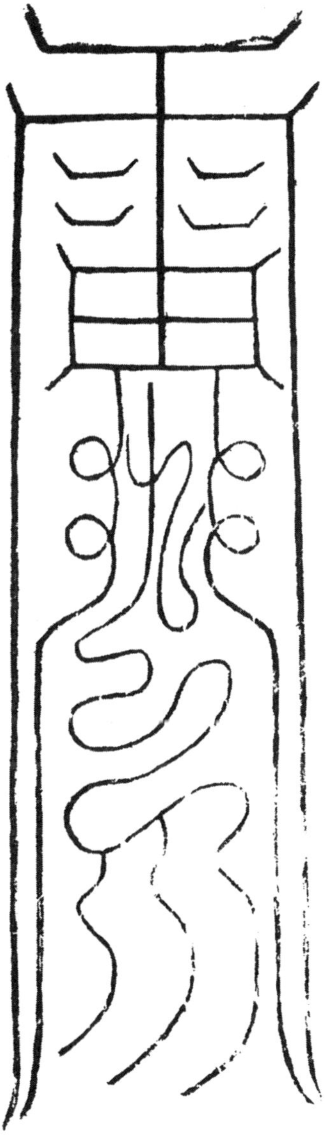

瞻星禮斗第十三章符篆

첨성례두뎨십삼장부전

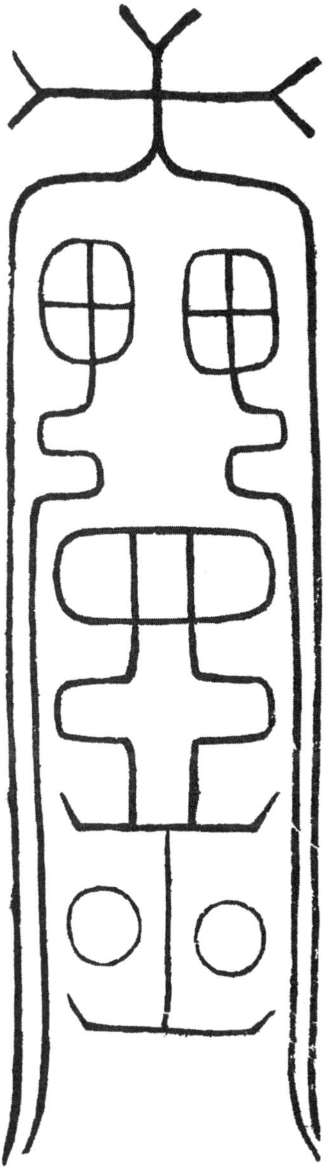

聞經滅罪第十四章符篆
문경멸죄제십사장부전

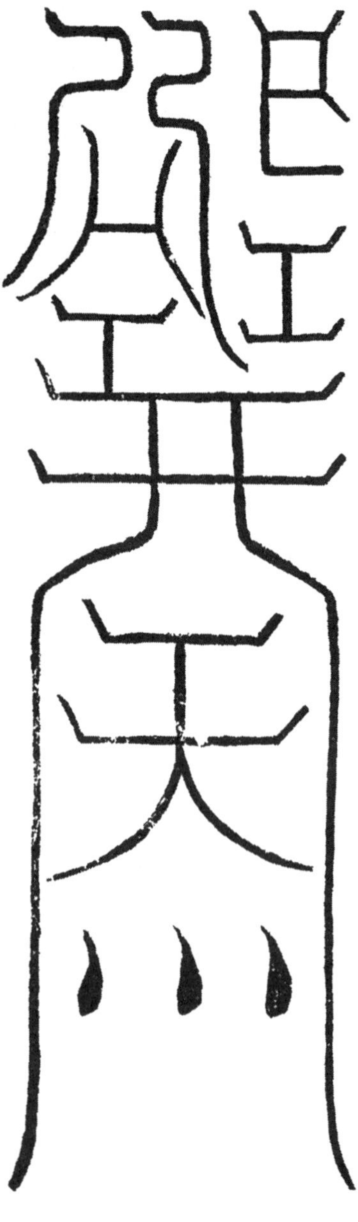

佩奉萃福人欽鬼畏第十五章符篆
패봉취복인흠귀외제십오장부전

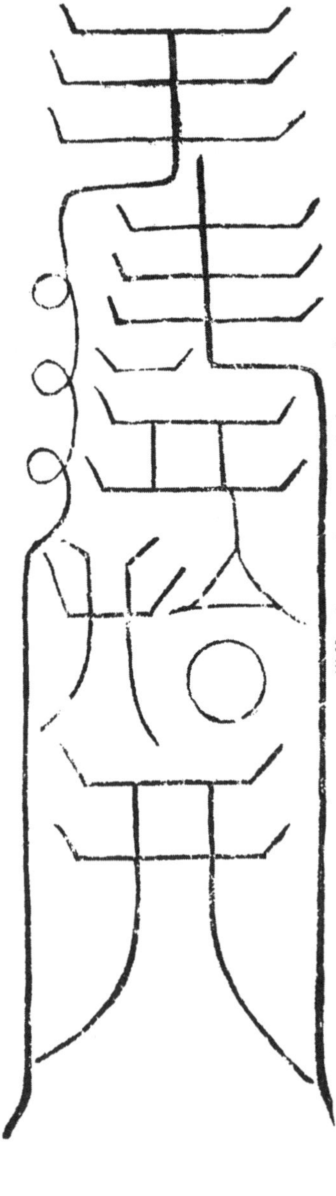

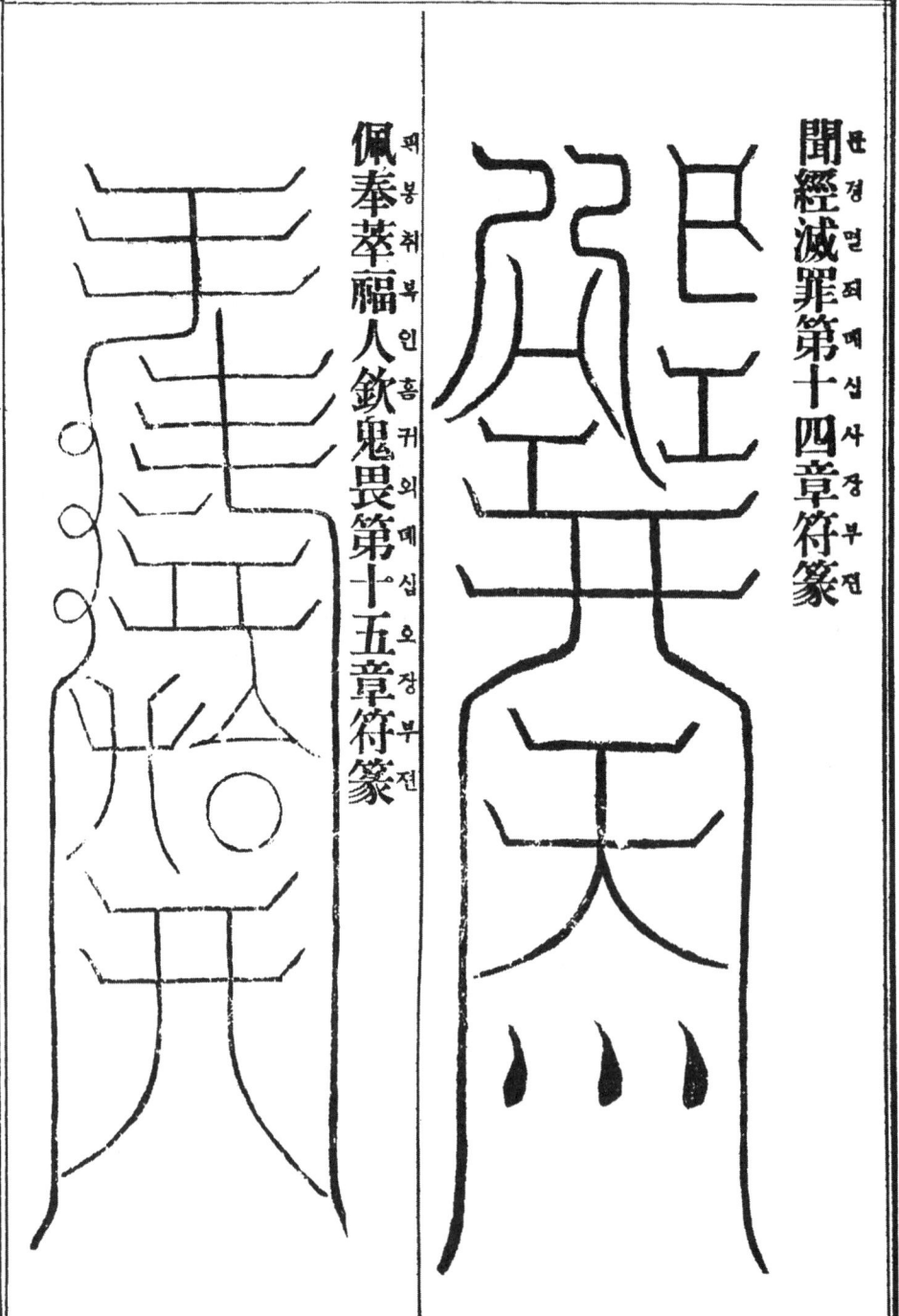

續婚合章

天尊言、凡有嬰孩、在於襁褓、爲旃檀神王座下、一十五種鬼、加諸惱害、因多驚癇、宜誦此經

謹按釋藏護諸童子經中載旃檀神王座下一十五種鬼怪形常遊行世間恐怖嬰孩及小兒作諸怖畏之相人能誠心誦經焚符

則免此禍患矣符象見第七原章上

第一名彌洲迦鬼形如牛着諸小兒眼睛回轉

第二名彌迦王鬼形如獅子着諸小兒數數嘔吐

第三名騫陀形如鳩魔羅天怖諸小兒其兩肩動

第四名阿波悉魔羅形如野狐着諸小兒口中出沫

第五名牟致迦形如獼猴着諸小兒把拳不展

第六名魔致迦形如羅刹女着諸小兒自囓其舌

第七名閹彌迦其形如馬着諸小兒喜啼喜笑

第八名迦彌尼形如婦女着諸小兒樂着女人
第九名梨婆疏其形如狗着諸小兒現種種雜相相雜啼
第十名富多那其形如猪着諸小兒眠中驚怖啼哭
第十一名曼多難提形如猫兒着諸小兒眠中喜啼
第十二名舍究尼其形如鳥諸着小兒不肯飮乳
第十三名揵吒波尼其形如雞着諸小兒咽喉聲塞寒下痢
第十四名目佉曼荼形如薰狐着諸小兒時氣熱病下痢
第十五名藍婆其形如蛇着諸小兒數噫數噦

至心皈命禮

三界之上、梵氣彌羅、上極無上、天中之天、鬱羅蕭臺、玉山上京、渺渺金闕、森羅淨泓、玄元一氣、混沌之先、寶珠之中、玄之又玄、開明三景、化生諸天、億萬天眞、無鞅數衆、旋斗歷箕、四度五常、巍巍大範、萬道之宗、大羅玉淸、虛無自然、大悲大願、

大聖大慈、玉淸聖境、元始天尊

至心皈命禮

居上淸境、號靈寶君、祖劫化生、九萬九千餘梵氣、赤書煥發、六百八十入眞文、因混沌赤文而開九霄、紀元洞玉曆而分五劫、天經地緯、巍乎造化之宗、樞陰機陽、卓爾雷霆之祖、大悲大願、大聖大慈、上淸眞境、靈寶天尊

至心皈命禮

隨方設敎、歷劫度人、爲皇者師、帝者師、王者師、假名易號、立天之道、地之道、人之道、隱聖顯凡、總千二百之官君、包萬億重之梵氣、化行今古、著道德凡五千言、主握陰陽、命雷霆用九五數、大悲大願、大聖大慈、太淸仙境、道德天尊

至心皈命禮

太上彌羅無上天、紗有玄眞境、渺渺紫金闕、太微玉淸宮、無極

無上聖、廓落發光明、寂寂浩無宗、玄範總十方、湛寂眞常道、
恢漠大神通、玉皇大天尊、玄穹高上帝

至心皈命禮

九天應元府、無上玉淸王、化形而滿十方、談道而趺九鳳、三十
六天之上、閱寶笈、攷瓊書、千五百劫之先、位上眞、權大化、手
擧金光如意、宣說玉樞寶經、不順化作微塵、發號疾如風火、以
淸淨心而弘大願、以智慧力而伏諸魔、總司五雷、運心三界、羣
生父、萬靈師、大聖大慈、至皇至道、九天應元雷聲普化天尊

善功圓滿章

向來誦經、念念存誠、千眞拱聽、萬聖通靈、應元合氣、普化分
形、九天有命、三界遵行、消災謝過、請福延生、功圓行滿、大道
證盟

士同衆擧步虛頌

玉清玉寶範、應化統神霄、至道弘修證、雷樞啓泬寥、鳳扆千聖衛、玄館萬眞朝、歸命今虔禮、心空業累消、

至心敬禮

十方無量道法師三寶具位 臣 某誠惶誠恐稽首頓首百拜露香奏啓

三天三寶上帝、高上神霄玉清眞王長生大帝、東極青華大帝、九天應元雷聲普化天尊、雷師皓翁使相天君、雷伯靑帝陪臣天君、九天採訪使、總元保運眞君、玉府上卿五雷使院眞君、雷霆都司元命眞人、神霄玄館玅閣東西華臺內院中司四府六院卿師使相、雷部官衆、一切威靈、悉仗眞香、普同供養、臣 聞神霄九氣、出乎混沌之先、太極一眞、超彼虛無之外、是謂陰陽之玅、乃爲造化之源、主宰五雷、發生萬物、今奏爲 入意 禱九天之上聖、啓三洞之眞詮、虔露丹衷、祗嚴淨宇、修齋禮念、懺累刼

之愆非、醻水饋花、奉九霄之飇馭、仰希洪造、特賜證盟、恭啓
虔誠、宣行機事、臣無任激切之至、奏啓以
聞、道場衆等醻水饋花供養如法

高功執手鑪啓白

神霄在上、憑寶篆以傳誠、璚闕聿陳、伏靈音而達信、蘭場已建、
金鼎初焚、願此百和之氤氳、徑上、
九天之法界、法衆歸依、虔誠供養
鶱樹蟠根古、精英孕子華、靈風布馨香、採得焚金鼎、散作氤
氳氣、雲烟結瑞霞、徑達九霄中、所求皆如意

高功執水盂啓白

天源流坎、靈派挹東井之泉、人心至虔、淨供設中尊之敬、禮
雖簡易、誠在精專、仰瞻赫奕之威、俯鑑潔清之薦、法衆歸依、
虔誠供養

東井靈源注、澄泓徧九垓、泠泠甘露滋、周流十方界、用作潢
汙薦、霑濡澤萬生、醻水表精衷、所求常淸淨
高功執花甁啓白
秀木鷲林、天上雨繽紛之色、瓊花絳蕚、人間開艶麗之容、蜀錦
堆盤、芳英滿座、爛熳九光之殿、莊嚴七寶之臺、法衆歸依、虔
誠供養
仙葩瓊葩盛、天花散滿飛、煒燁玉林花、蒨燦耀朱實、散作繽
紛片、諸天讚善哉、隨風面寶臺、所求皆如意
臣等焚香仰奏
三寶至尊、九宸上帝、華臺妙閣、主執威靈、內院中司、列班眞
宰、臣聞、九宸御極、廣濟人利物之慈、列聖垂憐、開禳過禳災
之路、師資付度、今古遵承、橐籥死生、主張造化、扣之如桴應
響、禱之似谷傳聲、至造難窮、玄恩宣布、虔誠禮誦、同爲讚揚

樂法以爲要、愛經如珠玉、持戒制六情、念道遣所欲、澹泊正
氣凝、蕭然神靜默、天魔并敬護、世世受大福

高功道衆各拜跪

九天貞明大聖主、雷聲普化玅濟尊、先於千五百劫前、以清淨
心發弘願、普濟未來一切衆、諸天諸地十方界、若有衆生聞我
名、應念隨聲悉超逸、臣今際遇願瞻禮、曲密華房九光殿、伏願
不捨當來世、肸蠁垂光燭道場、龍旂鸞輅倏飃飖、三十六天同下
盼、稱揚讚歎不思議、臣等一心歸命禮、臣聞、玉淸神化、顯貞
明大聖之尊、金闕至眞、持樞機二臺之政、惟有玉霄一府、所統
三十六天、紫極五雷、共秉百千萬氣、天臨三界、形化十方、禮
念者度厄消災、稱揚者隨心應感、敬遵科典、庸致薰修、今者開
建道場、嚴持懺法、禮瞻
宸御、朝拜

慈顏、恭對道前、至心朝禮

至心朝禮

高上神霄玉淸眞王長生大帝保命天尊

高上神霄玉淸王靑華大帝定福天尊

高上神霄可韓司丈人眞君保福天尊

高上神霄應元定籍眞君注命天尊

高上神霄保命化生眞君注福天尊

高上神霄節度總監眞君萬安天尊

高上神霄元華保生眞君儲祥天尊

高上神霄掌法主籍眞君和豫天尊

高上神霄掌令降命眞君吉集天尊

具位臣某、重誠上啓、

九天應元雷聲普化天尊、恭望玉虛闡化、布大慈大聖之大仁、寶笈傳經、示知謹知微之知止、開明深竅、昭著眞忘、演此自然、名爲妙寶、伏惟貞明大聖、普化至尊、分形十方、運心三界爲羣生父、爲萬靈師、宰制三十六天、先於千五百劫、凡運一聲而稱念、悉令萬願以從仁、重念臣等、歷劫塵勞、今生業垢、是非海濶、人我山高、非仗懺陳、曷叨恩宥、伏願不忘本誓、特允微忱、徑駐浮空、曲垂宥錄、法衆虔誠、至心朝禮

至心朝禮

九光玉殿九天應元雷聲普化天尊

蕭欝玄館九天應元雷聲普化天尊

曲密華房九天應元雷聲普化天尊

七寶層臺九天應元雷聲普化天尊

清淨廣大九天應元雷聲普化天尊

大聖大慈九天應元雷聲普化天尊

爲羣生父九天應元雷聲普化天尊
爲萬靈師九天應元雷聲普化天尊
貞明大聖九天應元雷聲普化天尊

禮足各長跪歸命懺悔

臣 法衆等至心皈身皈神皈命

神霄九宸上帝、玉府無極高眞、重念臣 等、凡胎濁質、走肉行尸歷劫迨今、罪如山海、六根三業、十惡衆愆、或起念動心、恣行不善、違天逆地、縱欲無知、裸觸星辰、毀呵風雨、違逆父母、背負君師、殺害衆生、抛擲米穀、嚴刑酷法、枉屈善良、昧己欺心、侵漁剋掠、謗經毀教、綺語妄言、抑斗秤之高低競綺羅之奢侈、私淫暗盜、誨毒助兇、任性所爲、積愆難逭、以致五行奇蹇 九曜嶔巇、動止凶危、行藏坎壈、枕痾伏洸、痼疾壓身、五行妖祟以興仇、三界魔凶而作釁、蛇蟲嫁孽、鳥鼠送妖、蠱瘵纏綿 瘟癀

傳染、或婚姻之不順、或子息之難招、皆積惡之使然、慮臨災而莫
救、千愆萬過、日遠月深、既附隷於善惡之書、實慘舒於簡閱之
筆、匪憑懺悔、曷邀救原、今對道前、用伸首謝、伏願天垂善宥、道
闡慈仁、九天施汗漫之恩、列聖沛汪洋之澤、罪無巨細、咸冀蠲
除、覬衆惡以消鎔、俾六根而淸淨、福資萬有、恩被十方、臣等至
心稽首禮謝、

無上至尊三寶

欝欝家國盛 濟濟經道興、天人同其願、縹緲入大乘、因心立
福田、靡靡法輪昇、七祖生天堂、我身白日騰

臣聞、大道垂慈、許示悔尤之路、高眞設教、容伸謝過之科、再秉
至誠、重伸衷顲、臣等、戴髮含齒、抱陰負陽、感天地覆載之
恩、賴日月照臨之德、寒來暑往、安能取四重而去四輕、見淺識
微、奚暇闢一言而見一行、是以、課眞經之秘典、答大造之深

恩、爰祈作善以降祥、抑可轉罪而爲福、首陳已往、咸欲自新
仰惟聖德涵容、眞威烜赫、軫念黎民之苦、秉除萬化之權、恭對
三寶鑪前、稱揚九天睿號、聲聲不息、念念無停、法衆同音、歸
命至心朝禮

至心朝禮

九天應元雷聲普化天尊願消前世今生之罪至心朝禮
九天應元雷聲普化天尊願消故犯悞爲之罪至心朝禮
九天應元雷聲普化天尊願消三業六根之罪至心朝禮
九天應元雷聲普化天尊願消慳貪嗔怒之罪至心朝禮
九天應元雷聲普化天尊願消愚癡顚倒之罪至心朝禮
九天應元雷聲普化天尊願消殺盜邪淫之罪至心朝禮
九天應元雷聲普化天尊願消綺言妄語之罪至心朝禮
九天應元雷聲普化天尊願消惡口兩舌之罪至心朝禮

九天應元雷聲普化天尊願消無量無邊之罪至心朝禮五

九天應元雷聲普化天尊

臣聞、雲程杳邈、寥八極之霞都、羽節翩躚、渺九天之玉府、天尊開寶篆、乃禦邪救患之文、慈父出雲章、示攝氣召眞之訣、配天合地、保國寧家、罪旣消鎔、厄希解謝、恭願大開方便、廣布慈仁、凡欲罹之殃禍、願隨聲而超渙、臣等、謹運虔誠、至心朝禮

至心朝禮

九天應元雷聲普化天尊願解天羅之厄至心朝禮

九天應元雷聲普化天尊願解地網之厄至心朝禮

九天應元雷聲普化天尊願解波濤之厄至心朝禮

九天應元雷聲普化天尊願解災橫之厄至心朝禮

九天應元雷聲普化天尊願解本命之厄至心朝禮

九天應元雷聲普化天尊願解五行之厄至心朝禮

九天應元雷聲普化天尊願解四時之厄至心朝禮
九天應元雷聲普化天尊願解男女之厄至心朝禮
九天應元雷聲普化天尊願解精邪之厄至心朝禮
九天應元雷聲普化天尊願解一切之厄至心朝禮
九天應元雷聲普化天尊
臣等至心歸命
九天應元雷聲普化天尊願解天羅之厄、今齋主慮有五行奇蹇、
九曜欽戲、太乙移文、三官鼓筆、如犯天羅之厄、臣今上請
上元天官俯垂解謝
臣等至心歸命
九天應元雷聲普化天尊、願解地網之厄、齋主慮有沈痾伏枕、
痼疾壓身、積時弗瘳、求醫罔效、如犯地網之厄、臣等上請
中元地官俯垂解謝

臣 等至心歸命

九天應元雷聲普化天尊、願解波濤之厄、齋主慮有風濤劫數、

海若失經、洪水稽天、民生墊溺、如犯波濤之厄、臣 今上請

下元水官俯垂解謝

臣 等至心歸命

九天應元雷聲普化天尊、願解一切之厄、齋主慮有三災九橫、

六害七傷、生刑被囚、身拘淪沒、如犯一切之厄、臣 今上請

北斗七元星君俯垂解謝

臣 等至心歸命

九天應元雷聲普化天尊、願解本命之厄、齋主慮有年逢刑衝、

運值剋戰、行藏坎壈、動用凶危、如犯本命之厄、臣 今上請

南斗六司星君俯垂解謝

臣等至心歸命

九天應元雷聲普化天尊、願解五行之戹、齋主慮有興修屋舍、觸犯方隅、病迍喪亾、災生禁忌、如犯五行之戹、臣今上請

五方五老帝君俯垂解謝

臣等至心歸命

九天應元雷聲普化天尊、願解四時之戹、齋主慮有天瘟地瘟二十五瘟、天蠱地蠱二十四蠱、天瘵地瘵三十六瘵、如犯四時之戹、臣今上請

北極四聖眞君俯垂解謝

臣等至心歸命

九天應元雷聲普化天尊、願解男女之戹、齋主慮有鬼魅寃愆、兇危禁忌、艱於嗣息、惱及嬰兒、如犯男女之戹、臣今上請

九天衛房聖母俯垂解謝、

臣 等至心歸命
九天應元雷聲普化天尊、願解精邪之厄、齋主慮有淫祠妖社、
黨庇神奸、災及孳生、禍連骨肉、如犯精邪之厄、臣 今上請
五方雷公將軍俯垂解謝
大道洞玄虛、有願無不啓、鍊質入仙眞、遂成金剛體、超度三
界難、地獄五苦解、悉歸太上經、靜念稽首謝
至心稽首禮
太上無極大道 三十六部尊經、玄中大法師、無上玉淸王、統天
三十六、九天普化君、化形十方界、披髮騎麒麟、赤脚躡層冰、手
把九天氣、嘯風鞭雷霆、能以智慧力、攝伏諸魔精、濟度長夜
魂、利益於衆生、如彼銀河水、千眼千月輪、誓於未來世、永揚天
尊敎
臣 等欣逢聖化、得遇眞風、遂伸懺念之私、復解纏身之厄、實

爲幸苛、難盡讃揚、再運丹衷、敬陳十願
臣 等一願、雷部按臨、隨所守護、祥烟滿庭、慶雲臨軒
臣 等二願、禍亂不萌、吉福來萃、一聞是經、其罪卽滅
臣 等三願、庭戶常淸、室家胥慶、鬼精滅爽、人物咸寧
臣 等四願、夫妻媾合、嗣息多招、招神攝風、遂生賢子
臣 等五願、出入起居、動作興擧、口舌潜消、官符永息
臣 等六願、疾病不生、瘟瘴淸淨、勞瘵平復、蠱毒消除
臣 等七願、神淸氣爽、心廣體胖、凡所希求、悉應其感
臣 等八願、追薦魂爽、超度祖玄、死卽往生、生居善道
臣 等九願、山河草木、飛走蠢動、有知無知、咸遂生成
臣 等十願、若未來世、有諸衆生、作是念言、咸得如意
臣 等伏聞、道包天地、人稟陰陽、覆育仰賴於慈悲、過咎許聞於
省悟、臣 等向來、朝禮高眞、一念祈天而讃詠、五體投地以歸依、

恭願
天尊大慈
天尊大聖、赦 臣等、千生萬劫故悞無量之愆、賜 臣等、十方五雷
正一至眞之氣、令臣等、隨心所祝、應念時成、所感者通、所求者
遂、所禳者卻、所欲者從、此世他生、常歸正道、臣等無任瞻
天望
聖、激切荷
恩之至、謹稽首四拜以
聞

至心歸命禮

宇宙之中、莫神於聲、惟我皓翁、威音普振、混沌未判以前、髮鬚
已白、天地既生之後、鬢髮仍蒼、霹靂一聲、魔外乍聞皆腦裂、雷
車數轉、龍天寂聽盡心歡、佛國仙宮 時聞說法、三乘五性、咸

悟本眞、共乾坤而不老、徧大地佺成春、大悲大願、大聖大慈
三十六部尊師、十二萬年教主、振幽出滯、無畏演法天尊
善功圓滿亦降吉祥靈章
向來禮懺功德、上祈
靈貺、宥罪消愆、同賴善功、證無上道、一切信禮、志心稱念、
九天應元雷聲普化天尊、說玉樞寶經禮眞懺悔、不可思議功德、
聞經已後、惟願衆生、深入法門、歸依信受
聞經已後、惟願衆生、萬罪併消、善芽增長
聞經已後、惟願衆生、永斷執迷、常歸正道

鮮詳 註說 玉樞寶經禮懺人經 終

李王宮內秘藏

無學大師萬靈符作神秘方法

一、純韓白紙　三枚

二、槐花　六兩重

三、井葉水　三合

庚申日 癸亥時에 汲取誦經默精、右 白紙一枚를 槐花井葉水煎하여
甲子時에 蒸熱染色後陰乾事

右 白紙二枚는 該當經文을 寫奉事

四、符作紙規格

○特大　長六寸一分　廣四寸五分

○大　長四寸五分　廣二寸五分

○中　長三寸五分　廣二寸

○小　長一寸八分　廣一寸

五、材料

○大鏡面　三才

○射香　三分

○栢葉脂　一分

右研末時誦萬靈牛眞言、鏡面千磨細研後東流水求品摘取作符

六、西出東流水一勺　日食時汲取敬誦寶水眞言七遍

七、前日齋房潔身　又喪人　又女子嚴禁

八、奉寫時擇甲子日甲子時　違時則靈不感

九、奉寫前盥水正衣冠後精誠清水一器紫丹香焚香而東向端坐至誠奉寫（槐黃紙）

至極至誠感天誠心所到金不可透世間人生三災八難勞心焦慮求官求福苦病損財安宅續身求子求命得財報仇等希望者依本方奉寫靈符恒時持身而該當經文誦則所願成就也

閻羅王授記經序言

금수어충(禽獸魚虫)에 이르기까지 나고 죽고 가고 오는 것이 우주의 공도(公道)라면 우리는 이 범주(範疇)에서 벗어날 수가 없는 윤회무상(輪廻無常)한 세상이니 우리는 지금 산다는 것만 생각할 것이 아니라 장차 죽는다는 것도 생각을 아니할 수가 없는 것입니다。

부처님께서는 모든 중생들을 아들처럼 애중히 여기시고 살아있는 동안에 중선(衆善)을 봉행하라 말씀하셨으니、그것은 장차 저 세상에 가더라도 삼악도(三惡道)에 떠러지지 말고 영혼이 천당불찰에 태어지기를 바라는 것입니다。

이 염라왕수기경은 화응(李華應)선사께서 묘향산 보현사에서 장판(藏板)을 발견해내신 것으로 진귀한 경문임을 알려드리는 바입니다。

閻羅王授記經

如來臨般涅槃時 (여래임반열반시)
廣召天靈及地祇 (광소천령급지저)
因爲琰魔王授記 (인위담마왕수기)
乃傳生七預修儀 (내전생칠예수의)

時佛舒光滿大千 (시불서광만대천)
普臻龍鬼會人天 (보진용귀회인천)
釋梵諸天冥密衆 (석범제천명밀중)
咸來稽首世尊前 (함래계수세존전)

여래께서 열반에 임하실 때에
널리 천지의 신령과 신중을 부르시고
인하여 담마왕을 위해 수기를 내리사
이에 살아서 일곱번 예수재의 의식을 전하게하시다

이때에 부처님께서 광명을 펴서 대천세계에 가득하니
널리 용왕과 귀신과 사람과 천왕이 다 이르며
제석과 대범의 모든 천왕과 명부의 여러 대중들이
다 와서 세존 앞에 머리를 수구리고、

世尊此日記閻羅(세존차일기염라)
不久當來證佛陀(불구당래증불타)
莊嚴寶國常淸淨(장엄보국상청정)
菩薩修行衆甚多(보살수행중심다)
悲增普化示威靈(비증보화시위령)
六道輪廻不暫停(육도윤회불잠정)
敎化厭苦思安樂(교화염고사안락)
故現閻羅天子形(고현염라천자형)
若人信法不思議(약인신법불사의)
書寫經文聽受持(서사경문청수지)

세존께서 이날에 염라왕에게 수기를 내리시매
오래지 않아 당세 내세에 불타를 증득하고
장엄한 보배 나라가 항상 청정하여
보살들이 수행하는 무리가 심히 많으니라
자비로 더 널리 교화하여 위엄과 신령함을 보이고
육도에 윤회함이 잠깐도 멈추지 않는 것이니
괴로움을 싫어하고 편안함을 생각함을 교화하나니
그러므로 염라천자의 형상을 보이게 하니라
만약 사람이 법을 믿고 반드시 실행하여
경문을 쓰고 듣고 받아가지면

捨命頓超三惡道 (사명돈초삼악도)
此身長免入阿鼻 (차신장면입아비)
破齊毁戒殺鷄猪 (파제훼계살계저)
業鏡昭然報不虛 (업경소연보불허)
若造此經兼畵像 (약조차경겸화상)
閻王判故罪銷除 (염왕판고죄삭제)
四衆修齋及有情 (사중수재급유정)
三旬兩供是常儀 (삼순양공시상의)
莫使闕緣功德少 (막사궐연공덕소)
始交中陰滯冥使 (시교중음체명사)

명을 마칠때 삼악도를 뛰어넘어서
이몸이 길이 아비지옥에 들어감을 면하리라
재계를 파하고 계행을 비방하며 육축을 죽이면
업 거울에 환히 비쳐 죄 받음이 헛되지 않으리니
이 경문을 조성하고 화상을 그리면
염라대왕이 판단하여 죄를 사해주리라
모든 중생은 재계를 닦고 또는 유정한이는
한 달에 두차례 공양을 드리는 일이 길상 의식이니
하여금 한 인연을 결하여 공덕을 적게 하지마라
처음부터 사귀어 중음귀가 명부에 막히지 말게 하라

足膝齎胸口及眉 족슬재흉구급미
六光菩薩運深悲 육광보살운심비
各各同聲咸讚歎 각각동성함찬탄
勤勤化物莫生疲 근근화물막생피
冥官注記及閻王 명관주기급염왕
諸佛弘經禮讚揚 제불홍경예찬양
四衆有能持一偈 사중유능지일게
我皆送出往天堂 아개송출왕천당
閻王白佛說伽陁 염왕백불설가타
愍念衆生罪苦多 민념중생죄고다

발과 무릎과 등과 가슴과 및 눈썹에
여섯개에 광채가 난 보살이 심히 불쌍히 여겨서
각각 같은 소리로 다 찬탄하되
은근히 생물을 화하여 사는데 괴롭게 않으시다
冥명官관注주記긔及급閻염王왕
諸제佛불弘홍經경禮례讚찬揚양
四사象중有유能능持지一일偈게
我아皆개送송出출往왕天천堂당
명관과 주기와 및 염라대왕이
모든 부처님과 큰 경에 예하고 찬양하되
사중이 능히 한 계라도 가짐이 있으면
내가 다 보내어 천당에 가게하리라
閻염王왕白백佛불說설伽가陁타
愍민念념象중生성罪죄苦고多다
염라대왕이 부처님께 사뢰어 불법을 설하시사
중생이 죄고가 많은 것을 불쌍히 여기소서

六道輪廻無定相(육도윤회무정상)
生滅還同水上波(생멸환동수상파)

육도에 윤회하는 것이 정한 상이 없어서
생하고 멸하는 것이 도로 물위에 파도 같도다

願佛與揚智慧風(원불여양지혜풍)
飄歸法海洗塵朦(표귀법해세진몽)

원컨대 부처님께서 지혜의 바람을 일어 날리시사
표연히 법해에 돌아가 티끌과 때를 씻게하소서

護世四王同發願(호세사왕동발원)
常傳經典廣流通(상전경전광유통)

이 세상을 밀호하는 사천왕이 같이 발원하되
항상 경전을 전하여 널리 유통케 하리라

凡夫修善小(범부수선소)
顚倒信邪多(전도신사다)

범부들이 선행을 닦는바가 적고
마음이 전도되어 요사한 것을 믿는이가 많으니

持經免地獄(지경면지옥)
書寫免災痾(서사면재아)

이 경을 지니면 지옥을 면할 것이오
쓰고 외우면 재앙과 질병을 면하리라

超度三界難(초도삼계난)
건너 뛰어 삼계의 난을 벗어나고

救不見藥叉(구불견약차)
구원을 받아 약차를 보지 아니하며

生處登高位(생처등고위)
나는 곳마다 높은 지위에 올라서

富貴壽延遐(부귀수연하)
부귀와 장수를 누리리라

惡業凡夫善力微(악업범부선력미)
악업을 진 범부들이 선행이 적어서

信邪倒見入阿鼻(신사도견입아비)
사 됨을 믿다가 거꾸러져 아비지옥에 들어가나니

欲求富樂家長命(욕구부락가장명)
부귀와 행락을 구하고 명이 길고자 할진대

書寫經文聽受持(서사경문청수지)
이 경문을 쓰고 듣고 받아가지라

罪苦三塗業易成(죄고삼도업이성)
죄와 고가 삼도에 업을 이루기가 쉬우니

都緣殺命祭神明(도연살명제신명)
한갓 생명을 죽여서 신명에 제사지낸 인연이니라

願執金剛眞慧劍 (원집금강진혜검)
斬除魔族悟無生 (참제마족오무생)

원컨대 금강의 참된 혜검을 잡고
마족을 베어서 무생을 깨우치리라

佛行平等心 (불행평등심)
衆生不具足 (중생불구족)
修福似微塵 (수복사미진)
造罪如山岳 (조죄여산악)

부처님께서 평등심을 행하셨으나
중생들은 구족치 못하여
닦은 복은 작은 티끌같고
지은 죄는 산악과 같도다

罪如山岳等恒沙 (죄여산악등항사)
福少微塵數未多 (복소미진수미다)
猶得善神常守護 (유득선신상수호)
往生豪富信心家 (왕생호부신심가)

죄는 산악같이 크고 항하사 같이 많으며
복은 적기가 작은 티끌같이 수가 많지 않도다
선신이 항상 수호함을 얻은 것 같으며
호부하고 신심있는 집에서 태어나리라

若人奉佛造持經 (약인봉불조지경)
菩薩臨終自往迎 (보살임종자왕영)
淨國修行圓滿已 (정국수행원만이)
當來正覺入金城 (당래정각입금성)

佛告閻羅諸大神 (불고염라제대신)
衆生罪業具難陳 (중생죄업구난진)
應爲報恩容造福 (응위보은용조복)
敎蒙雖苦出迷津 (교몽이고출미진)

諸王遣使檢亡人 (제왕견사검망인)
男女修何功德因 (남녀수하공덕인)

만일 사람이 부처님을 받들고 경을 지어 가질것 같으면
불보살님이 임종시에 와서 맞이하여 가며
정불국토에 나서 수행이 원만해지며
당래에 정각을 이루어 금성에 들어가리라

부처님께서 염라왕과 모든 대신에게 고하시되
중생들에게 죄업을 다 진술하기가 어려우니
응하여 보은하고 너그러이 복을 지은이는
가르켜서 고를 떠나고 어두운 나루를 나가게 하시니라

모든 임금이 사자를 보내어 망인을 검사할때
남녀들이 무슨 공덕에 인연을 닦었나하고

依名放出三塗獄(의명방출삼도옥)
免歷冥閻遭苦辛(면력명염조고신)

이름에 의하여 삼도의 옥을 벗어나서
명부 사이에서 신고 만날것을 면하게 하리라

第一七日過 秦廣大王(진광대왕)

一七亡人中陰身(일칠망인중음신)
驅將隊隊數如塵(구장대대수여진)
且向初王齊檢默(차향초왕재검묵)
由來未渡奈河津(유래미도내하진)

일칠일에 망인의 중음신을
몰아 거느린 무리무리의 수가 티끌같아서
또 초광왕을 향하여 점검하고 묵념하니
유래로 내하수 나루를 건느지 못하리라

第二七日過 初江大王(초강대왕)

二七亡人渡奈河(이칠망인도내하)
千羣萬隊涉江波(천군만대섭강파)
引路牛頭肩挾棒(인로우두견협봉)
催行鬼卒手擎枷(최행귀졸수경가)

이칠일에 망인이 내하나루를 건너서
천군 만대가 강 물결을 건늘제
길을 인도하는 우두마찰거가 어깨에 몽둥이를 메고
어서가자 길을 재촉하는 귀졸들의 손에는 도끼를 들었더라

第三七日過 宋帝大王(송제대왕)

亡人三七轉恓惶(망인삼칠전서황) 망인이 삼칠일에 번뇌에 싸여서
始覺冥塗險路長(시각명도험로장) 비로소 명도의 길이 험한 것을 알겠더라
各各點名知所在(각각점명지소재) 각각 이름을 붙여 살던 곳을 알아서
群群驅送五官王(군군구송오관왕) 무리무리 오관왕에게 몰아 보내더라

第四七日過 五官大王(오관대왕)

五官業秤向空懸(오관업평향공현) 오관왕이 업 저울을 공중에 달고
左右雙童業簿全(좌우쌍동업부전) 좌우에서 쌍동이 업 장부를 들었으니
輕重豈由情所願(경중기유정소원) 죄의 경중을 어찌 사정이나 소원에 의해 처리하리오
低昂自任昔因緣(저앙자임석인연) 낮고 높은 것은 스스로 옛 업연에 맡기더라

第五七日過 閻羅大王(염라대왕)

五七閻王息諍聲(오칠염왕식정성) 오칠일에 염라대왕이 간하는 소리를 그치게 하니
罪人心恨未甘情(죄인심한미감정) 죄인의 마음은 달지않은 정을 한하더라
策髮仰頭看業鏡(책발앙두간업경) 터럭을 다듬고 머리를 들어 업거울에 비쳐보니
始知先世事分明(시지선세사분명) 비로소 먼저세상의 일이 분명함

第六七日過 變成大王(변성대왕)

亡人六七滯冥道(망인육칠체명도) 망인이 육칠일에 어두운 길에 막혀있어서
切迫坐人執意愚(절박좌인집의우) 앉은 사람의 잡은 뜻이 어리석음이 결박하였더라
日日止看功德力(일일지간공덕력) 날마다 날마다 공덕의 힘을 보아두니
天堂地獄在須臾(천당지옥재수유) 천당과 지옥이 잠깐사이에 있더라

第七七日過 太山大王(태산대왕)

七七冥途中陰身(칠칠명도중음신) 칠칠일은 명도의 중음신으로서
專求父母會情親(전구부모회정친) 오로지 부모를 구하고 정든 친척을 모일새

福業此時仍未定(복업차시잉미정) 복업은 이 때에 정하지 아니하고
更看男女造何因(갱간남녀조하인) 다시 남녀간에 어떠한 인연을 지었나 상고해 보더라

第一百日過 平等大王(평등대왕)

一年過此轉苦辛(일년과차전고신) 일년(소상)이 되어 신고를 겪으니
男女修齋福業因(남녀수재복업인) 남녀간 재 올리고 복을 닦은 인연이라
六道輪廻仍未定(육도윤회잉미정) 육도에 윤회도 아직 정하지 않았으니
造經造佛出未津(조경조불출미진) 경도 짓고 부처도 조성하여 어두운 나루를 벗어나세

第三年過 五道轉輪大王(오도전륜대왕)

後三所歷是開津(후삼소력시개진) 삼년 대상에는 지나온바에 따라 나루가 열리니
好惡惟憑福業因(호악유빙복업인) 좋은 것과 악한 것이 오직 전생 복업인에 의지한다
不善尚憂千日內(불선상우천일내) 착하지 못하면 오히려 천일만 근심하라
胎生產死夭亡身(태생산사요망신) 태로 나서 낳다가 죽거나 몸이 일찍 망하느니라

十齋具足免十惡究放其生天 (십재구족면십악구방기생천)

一身六道苦忙忙 (일신육도고망망)
十惡三途不易堂 (십악삼도불역당)
努力修齋功德具 (노력수재공덕구)
恒沙諸罪自銷亡 (항사제죄자소망)

일신이 육도에서 고 받음이 망망한 바다같아서
십악의 죄로 삼악도에 받는 죄를 바꿔받지 않으리니
생전에 재를 올리고 공덕 갖추기에 노력하면
항하사 같은 모든 죄도 스스로 녹아 없어지느니라

我常使四樂叉王守護此經不念陷沒 (아상사사락차왕수호차경불념함몰)

閻王奉法願弘揚 (염왕봉법원홍양)
普告人天衆道場 (보고인천중도장)
我使樂叉齊守護 (아사락차제수호)
不令陷沒永流行 (불령함몰영류행)

염라대왕께서 법을 받들어 크게 드날리길 원하셔서
사람과 하늘의 대중 도장에 널리 고하되
내가 약차왕을 보내어 수호하게 하여
이 경이 함몰되지 않도록 기리 유행케하리라

稽首世尊、獄中罪人 (계수세존 옥중죄인)

欲求安樂往人天 (욕구안락왕인천)
必莫侵凌三寶錢 (필막침릉삼보전)
一落冥間諸地獄 (일락명간제지옥)
喧喧受苦不知年 (훤훤수고부지년)

彌土淡魔法王歡喜踊躍 (미토담마법왕환희용약)

一身危脆似風燈 (일신위취사풍등)
二鼠侵欺嚙井藤 (이서침기요정등)
苦海不修橋筏渡 (고해불수교벌도)
欲憑何物得超昇 (욕빙하물득초승)

안락함을 구하여 인간이나 천상에 나고자할진대
부디 삼보를 엽신여기거나 재물을 탐하지마라
한번 어두운 사이 모든 지옥에 떠러지고 보면
뒤숭숭하게 고 받음이 몇년가는지 알지 못하리라

일신의 위태롭고 연약하기가 바람앞에 등불갈아서
세월이 갈쑤록 나의 생명선만 끊어져가네
고해에서 다리와 뗏목을 만들어 제도하지 않으면
무엇을 의지하고서 고해에서 뛰어 날고、

又曰

舡橋不造此人癡(강교불조차인치)
遭險恓惶君始知(조험서황군시지)
若悟百年彈指過(약오백년탄지과)
修齋聽法莫教遲(수재청법막교지)

배와 다리를 만들지 않는 이 사람이 참 어리석으니
험난과 번뇌와 두려움을 만나서야 그대가 비로소 알리라、
백년 삶에 손가락을 튕기며 지날것 같으면
재를 올리고 법 듣기를 게을리 하지 마라

三空命理哲學院

相法全書·觀相大典 著者

三空居士 曺誠佑

서울特別市鍾路區(公平洞一二四番地(서울예식장앞 우일빌딩四층)

電話 ⑦⑤ 七九〇八番

북두칠성께 수명과 자손을 비는 경문으로 매일 청신에 분향 하고 일곱번 독송할 것

大聖北斗延命經 대성북두연명경

開經玄蘊呪
개경현온주

寂寂至無宗 虛峙劫仭阿 豁落洞玄門 誰測此幽遐 一入大乘路 孰計年劫多 不生
적적지무종 허치겁인아 할락동현문 수측차유하 일입대승로 숙계연겁다 불생
亦不滅 欲生淨蓮華 超凌三界徒 慈心解世羅 眞人無上德 世世爲人家爾時 太上
역불멸 욕생정련화 초능삼계도 자심해세라 진인무상덕 세세위인가이시 태상
老君 以永壽元年正月七日 在太淸境上太極宮中 觀見衆生 億劫漂沈 周回生死
노군 이영수원년정월칠일 재태청경상태극궁중 관견중생 억겁표침 주회생사
或居人道 生在中華 或生夷狄之中 或生蠻戎之内 或富或貴 或賤或貧 暫假因緣
혹거인도 생재중화 혹생이적지중 혹생만융지내 혹부혹귀 혹천혹빈 잠가인연
墮於地獄 爲無定故 罪業牽纏 魂繫陰司 受苦滿足 人道將違 生居畜獸之中 或
타어지옥 위무정고 죄업견전 혼계음사 수고만족 인도장위 생거축수지중 혹
生禽蟲之屬 轉乖人道 難復人身 如此沈淪 不自知覺 爲先世迷眞之故 受此輪廻
생금충지속 전괴인도 난복인신 여차침륜 불자지각 위선세미진지고 수차윤회
乃以哀憫之心 分身敎化 化身下降 至於蜀都 地神湧出 扶一玉局而作高座 於是
내이애민지심 분신교화 화신하강 지어촉도 지신용출 부일옥국이작고좌 어시

老君昇玉局座 授與天師北斗本命經訣 廣宣法要 普濟衆生 是時 老君告天師曰
노군승옥국좌 수여천사북두본명경결 광선법요 보제중생 시시 노군고천사왈
人身難得 中土難生 假使得生 正法難遇 多迷眞道 多入邪宗 多種罪根 多肆
인신난득 중토난생 가사득생 정법난우 다미진도 다입사종 다종죄근 다사
巧詐 多恣淫殺 多好羣情 多縱貪嗔 多沈地獄 多失人身 如此等緣 衆生不悟 不
교사 다자음살 다호군정 다종탐진 다침지옥 다실인신 여차등연 중생불오 부
知正道 迷惑者多 我今哀見此等衆生 故垂教法 爲說良緣 令使知道 知身性命 皆
지정도 미혹자다 아금애견차등중생 고수교법 위설양연 영사지도 지신성명 개
憑道生 了悟此因 長生人道 種子不絶 世世爲人 不生無道之鄕 不斷人之根本 更
빙도생 요오차인 장생인도 종자불절 세세위인 불생무도지향 불단인지근본 갱
能心修正道 漸入仙宗 永離輪廻 超昇成道 我故示汝妙法 令度人民 歸眞知命 可
능심수정도 점입선종 영리윤회 초승성도 아고시여묘법 영도인민 귀진지명 가
以本命之日 修齋建醮 啓祝北斗 三官五帝 九府四司 薦福消灾 奏章懇願 虔誠獻
이본명지일 수재건초 계축북두 삼관오제 구부사사 천복소재 주장간원 건성헌
禮 種種香花 時時五果 隨世威儀 淸淨壇宇 法天象地 或於觀宇 或在家庭 隨力
례 종종향화 시시오과 수세위의 청정단우 법천상지 혹어관우 혹재가정 수력
建功 請行法事 功德深重 不可具陳 念此大聖北斗 七元眞君名號 當得罪業消除
건공 청행법사 공덕심중 불가구진 염차대성북두 칠원진군명호 당득죄업소제
灾衰洗滌 福壽資命 善果臻身 凡有急難 可以焚香誦經 剋期安泰 於是 說大聖北
재쇠세척 복수자명 선과진신 범유급난 가이분향송경 극기안태 어시 설대성북

斗解厄應驗曰
두해액응험왈

大聖北斗七元君 能解三災厄
대성북두칠원군 능해삼재액

大聖北斗七元君 能解五行厄
대성북두칠원군 능해오행액

大聖北斗七元君 能解七傷厄
대성북두칠원군 능해칠상액

大聖北斗七元君 能解九星厄
대성북두칠원군 능해구성액

大聖北斗七元君 能解男女厄
대성북두칠원군 능해남녀액

大聖北斗七元君 能解復連厄
대성북두칠원군 능해부련액

大聖北斗七元君 能解疫癘厄
대성북두칠원군 능해역려액

大聖北斗七元君 能解虎狼厄
대성북두칠원군 능해호랑액

大聖北斗七元君 能解刦賊厄
대성북두칠원군 능해겁적액

大聖北斗七元君 能解四殺厄
대성북두칠원군 능해사살액

大聖北斗七元君 能解六害厄
대성북두칠원군 능해육해액

大聖北斗七元君 能解八難厄
대성북두칠원군 능해팔난액

大聖北斗七元君 能解夫妻厄
대성북두칠원군 능해부처액

大聖北斗七元君 能解產生厄
대성북두칠원군 능해산생액

大聖北斗七元君 能解疾病厄
대성북두칠원군 능해질병액

大聖北斗七元君 能解邪精厄
대성북두칠원군 능해사정액

大聖北斗七元君 能解蟲蛇厄
대성북두칠원군 능해충사액

大聖北斗七元君 能解枷棒厄
대성북두칠원군 능해가봉액

大聖北斗七元君 能解橫死厄 大聖北斗七元君 能解呪詛厄
대성북두칠원군 능해횡사액 대성북두칠원군 능해주저액
大聖北斗七元君 能解天羅厄 大聖北斗七元君 能解地網厄
대성북두칠원군 능해천라액 대성북두칠원군 능해지망액
大聖北斗七元君 能解刀兵厄 大聖北斗七元君 能解水火厄
대성북두칠원군 능해도병액 대성북두칠원군 능해수화액

於是七元君 大聖善通靈 濟度諸厄難 超出苦衆生 若有急苦者 持誦保安平
어시칠원군 대성선통령 제도제액난 초출고중생 약유급고자 지송보안평
盡憑生百福 咸契於五行 三魂得安健 邪魅不能侵 五行降眞氣 萬福自來並
진빙생백복 함계어오행 삼혼득안건 사매불능침 오행강진기 만복자래병
長生超八難 皆由奉七星 生生身自在 世世保身淸 善若光中影 應如谷裏聲
장생초팔난 개유봉칠성 생생신자재 세세보신칭 선약광중영 응여곡리성
三元神共護 萬聖眼同明 無灾亦無障 永保道心寧
삼원신공호 만성안동명 무재역무장 영보도심녕

太上老君曰 北辰垂象 而衆星 拱之 爲造化之樞機 作人神之主宰 宣威三界 統御
태상노군왈 북진수상 이중성 공지 위조화지추기 작인신지주재 선위삼계 통어
萬靈 判人間善惡之期 司陰府是非之目 五行共禀 七政同科 有回生起死之功 有
만령 판인간선악지기 사음부시비지목 오행공품 칠정동과 유회생기사지공 유
消災度厄之力 上至帝王 下及庶人 尊卑 雖則殊途 命分 俱無差別 凡夫在世 迷
소재도액지력 상지제왕 하급서인 존비 수즉수도 명분 구무차별 범부재세 미

謬者多 不知身屬北斗 命由天府 有災有患 不知解謝之門 祈福祈生 莫曉歸依之
류자다 부지신속북두 명유천부 유재유환 부지해사지문 기복기생 막효귀의지
路 致使精魂被繫 禍患 來纏 或重病不痊 或邪妖尅害 連年困篤 累歲迍邅 官訟
로 치사정혼피계 화환 내전 혹중병불전 혹사요극해 연년곤독 누세둔전 관송
徵呼 死亡復連 或上天譴責 下鬼訴誣 若此危厄 如阿救解 急須投告北斗 醮謝眞
징호 사망부련 혹상천견책 하귀소무 약차위액 여하구해 급수투고북두 초사진
君 及轉眞經 認本命眞君 方獲安泰 以至康榮 更有深妙不可盡述 凡見北斗眞形
군 급전진경 인본명진군 방획안태 이지강영 갱유심묘불가진술 범견북두진형
頂禮恭敬
정례공경

北斗第一陽明貪狼太星君 屬子生
북두제일양명탐랑태성군 속자생

貪탐 狼랑 符부

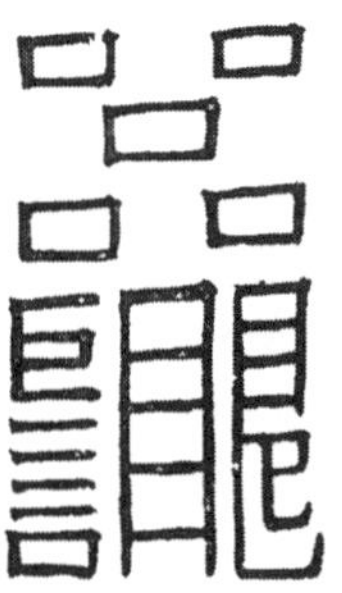

黍(기장)

北斗第二陰精巨門元星君 屬丑亥生
북두제이음정거문원성군 속축해생

巨거 門문 符부

粟(좁쌀)

北斗第三眞人祿存貞星君
북두제삼진인녹존정성군

北斗第四玄冥文曲紐星君
북두제사현명문곡축성군

北斗第五丹元廉貞剛星君
북두제오단원염정강성군

北斗第六北極武曲紀星君
북두제룩부극무곡기성군

屬寅戌生
속인술생

屬卯酉生
속묘유생

屬辰申生
속진신생

屬巳未生
속사미생

祿存符 (녹존부)

粳(멥쌀)

文曲符 (문곡부)

麥(보리)

廉貞符 (염정부)

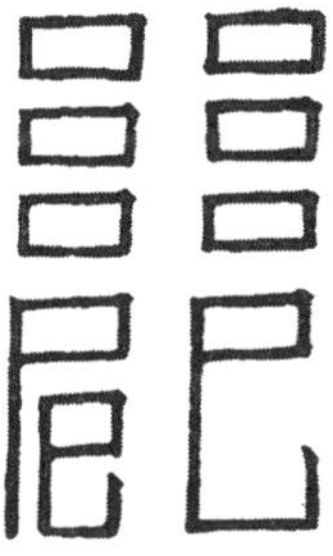

麻子(삼씨)

武曲符 (무곡부)

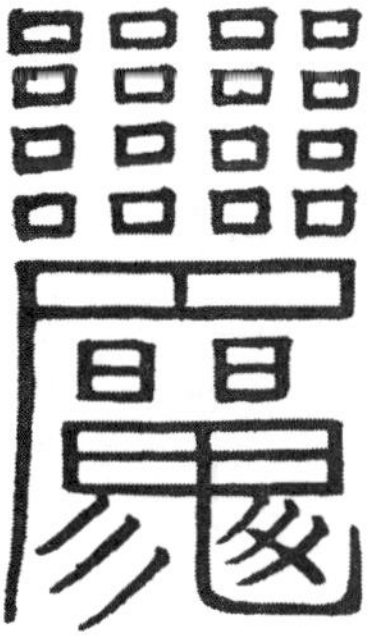

大豆(콩)

北斗第七天關破軍關星君　屬午生
북두제칠천관파군관성군　속오생

北斗第八洞明外補星君
북두제팔동명외보성군

中台六淳司空星君
중태육순사공성군

北斗第九隱光内弼星君
북두제구은광내필성군

下台曲生司祿星君
하태곡생사록성군

破軍符 (파군부)

小豆(팥)

上台虛精開德星君
상태허정개덕성군

如是眞君名號 不可得聞 凡有聞見能持念者 皆道心深重 宿有善緣 得聞持誦 其功德力 不可稱量 若正信男女値此眞經 智慧性圓 道心開發 出羣迷逕 入希夷門 歸奉眞宗 達生榮界 於三元八節 本命生辰 北斗下日 嚴置壇場 轉經齋醮 依儀行道 其福無邊 世世生生 不違眞性 不入邪見 持經之人 常能持誦七元眞君所屬尊號 善功圓滿 亦降吉祥 即說北斗呪曰

여시진군명호 불가득문 범유문견능지염자 개도심심중 숙유선연 득문지송 기공덕력 불가칭량 약정신남녀치차진경 지혜성원 도심개발 줄군미경 입희이문 귀봉진종 달생영계 어삼원팔절 본명생진 북두하일 엄치단장 전경재초 의의행도 기복무변 세세생생 불위진성 불입사견 지경지인 상능지송칠원진군소속존호 선공원만 역강길상 즉설북두주왈

北斗九辰 中天大神 上朝金闕 下覆崐崙 調理綱紀 統制乾坤
북두구진 중천대신 상조금궐 하복곤륜 조리강기 통제건곤
大魁貪狼 巨門祿存 文曲廉貞 武曲破軍 高上玉皇 紫微帝君
대괴탐랑 거문녹존 문곡염정 무곡파군 고상옥황 자미제군
大周天界 細入微塵 何災不滅 何福不成 元皇正氣 來合我身
대주천계 세입미진 하재불멸 하복불성 원황정기 내합아신
天罡所指 晝夜常輪 俗居小人 好道求靈 願見尊儀 永保長生
천강소지 주야상륜 속거소인 호도구령 원경존의 영보장생
三台虛精 六淳曲生 生我養我 護我身形
삼태허정 육순곡생 생아양아 호아신형
魁𩲃𩴆𩳊魓魒魖尊帝 急急如律令娑婆訶
괴작관행필보표존제 급급여율령사바하

太上老君曰 凡人性命五體悉屬本命星官之所主掌 本命神將 本宿星官 常垂陰祐
태상노군왈 범인성명오체실속본명성관지소주장 본명신장 본숙성관 상수음우
主持人命 使保天年 凡俗無知 終身不悟 夫本命眞官 每歲 六度降在人間 降日
주지인명 사보천년 범속무지 종신불오 부본명진관 매세 육도강재인간 강일
爲本命限期 有南陵使者三千人 北斗眞君七千神將 本命眞官 降駕 衆眞 悉來擁
위본명한기 유남릉사자삼천인 북두진군칠천신장 본명진관 강가 중진 실래옹
護 以消災懺罪 請福延生 隨力章醮 福德增崇 其有本命限期將至 自身不知 不說
호 이소재참죄 청복연생 수력장초 복덕증숭 기유본명한기장지 자신부지 불설

齋醮 不修香火 此爲輕生迷本 不貴人身 天司奪祿 減算除年 多致夭喪 迷誤之者
재초 불수향화 차위경생미본 불귀인신 천사탈록 감산제년 다치요상 미오지자
雖遇經訣 懷不信心 毀謗眞文 如此之人 身謝之後 淪沒三途 漂沈諸趣 永失人身
수우경결 회불신심 훼방진문 여차지인 신사지후 윤몰삼도 표침제취 영실인신
深可悲哀 自致斯苦 若本命之日 能修齋醮 善達天司 一世於本命限期 開轉眞經
심가비애 자치사고 약본명지일 능수재초 선달천사 일세어본명한기 개전진경
廣陳供養 使三生 常爲男子之身 富貴聰明 人中殊勝 其有生身果薄 雖在人中 貧
광진공양 사삼생 상위남자지신 부귀총명 인중수승 기유생신과박 수재인중 빈
窮下賤 縱知本命 無力修祟 能酌水獻花 冥心望北極 稽首禮拜 念本命眞君名號
궁하천 종지본명 무력수숭 능작수헌화 명심망북극 계수예배 염본명진군명호
者 亦不虛過本命限期 皆得延生注福 繁係人身 災厄蠲除 獲福無量 天師歡喜踊
자 역불허과본명한기 개득연생주복 계계인신 재액촉제 획복무량 천사환희용
躍 作禮讚歎 難可得遇無上法橋
약 작례찬탄 난가득우무상법교
太上老君 重告天師曰 庶人罪福善惡 皆屬天司 懺罪消災 莫越修奉 遇本命生辰
태상노군 중고천사왈 서인죄복선악 개속천사 참죄소재 막월수봉 우본명생진
告身中元辰驛馬 削落三災 九厄保見 今眷屬安寧 凡有上士於本命生辰 持此眞文
고신중원진역마 삭락삼재 구액보견 금권속안녕 범유상사어본명생진 지차진문
者 外伏魔精 內安眞性 功霑水陸 善及存亡 悔過虔恭 漸登妙果 重立玄功 證虛
자 외복마정 내안진성 공점수륙 선급존망 회과건공 점등묘과 중립현공 증허

無道 乃得聖智圓通 隱顯莫測 出有入無 逍遙雲際 昇入金門 與聖合眞 身超三
무도 내득성지원통 은현막측 출유입무 소요운제 승입금문 여성합진 신초삼
界 永不輪轉 壽量無窮 快樂自在 凡有男女於本命生辰 及諸齋日 淸淨身心 焚
계 영불윤전 수량무궁 쾌락자재 범유남녀어본명생진 급제재일 청정신심 분
香持此眞文 自認北極本命所屬星君 隨心禱祝 善無不應 災罪消滅 致感萬聖千
향지차진문 자인북극본명소속성군 수심도축 선무불응 재죄소멸 치감만성천
眞 俱來衛護 此文所在之處 千眞敬禮 萬聖衛護 魔鬼潛消 精靈伏匿 所有災
진 구래위호 차문소재지처 천진경례 만성위호 마귀잠소 정령복닉 소유재
殃 悉皆削滅 是名 北斗本命延生經訣 乃終眞之經路 得道逍遙皆因此經 保護男
앙 실개삭멸 시명 북두본명연생경결 내종진지경로 득도소요개인차경 보호남
女皆因此經 保命延年 皆得自在 永爲身寶 福壽可稱 保而敬之 非人勿示 太上
녀개인차경 보명연년 개득자재 영위신보 복수가칭 보이경지 비인물시 태상
老君 說經將畢 龍鶴天仙 來迎 還於玉京 是時 天師受得妙法 而作是言 誓願流
노군 설경장필 용학천선 내영 환어옥경 시시 천사수득묘법 이작시언 서원유
行 以傳善士 若有男女受持讀誦 我當與十戒仙官 所在擁護 於是 再拜太上老君
행 이전선사 약유남녀수지독송 아당여십계선관 소재옹호 어시 재배태상노군
而說贊曰
이설찬왈

家有北斗經 本命降眞靈 家有北斗經 宅舍得安寧
가유북두경 본명강진령 가유북두경 택사득안녕

家有北斗經 父母保長生
가유북두경 부모보장생

家有北斗經 百邪自歸正
가유북두경 만사자귀정

家有北斗經 闔門自健康
가유북두경 합문자건강

家有北斗經 五路自通達
가유북두경 오로자통달

家有北斗經 六畜保興生
가유북두경 육축보흥생

家有北斗經 財物不虛耗
가유북두경 재물불허모

家有北斗經 長保亨利貞
가유북두경 장보형리정

家有北斗經 諸魔化爲塵
가유북두경 제염화위진

家有北斗經 營業得稱情
가유북두경 영업득칭정

家有北斗經 子孫保榮盛
가유북두경 자손보영성

家有北斗經 衆惡永消滅
가유북두경 중악영소멸

家有北斗經 疾病得痊差
가유북두경 질병득전차

家有北斗經 橫事永不起
가유북두경 횡사영불기

太上老君曰 善哉善哉 汝可宣揚正教 福利無邊 普及衆生 永霑勝善 天師稽首禮
태상노군왈 선재선재 여가선양정교 복리무변 보급중생 영점승선 천사계수예

謝 信受奉行
사 신수봉행

大聖北斗延命經 終
대성북두연명경 종

이 경문을 주야 지성으로 독송하면 십중소원을 성취하는 경문

태을보신경

태상왈 황천조아 황지재이 일월조아 성진영아 제선거아 자명여아 옥신도아 삼
판보아 오제우아 북진상아 태을임아 남극좌아 금동시아 옥녀배아 육갑즉아 육정
진아 천문개아 지호통아 산택농아 강하도아 풍우송아 뢰정순아 팔괘준아 구궁
둔아 음양종아 오행부아 사지성아 아명착아 태청현적 삼궁승강 상하왕내 무궁
불식 금반옥장 향구개지 허범일월 여천위서 은표성구 비작보성 소구자득 소향자형
조위자합 조욕자성 종종변화 여도합신 하신불복 하령불행 전유주작 후유현무
좌유청룡 우유백호 상정화개 하섭피강 신룡광명 위진시방 애아자생 오아자앙
모아자자 중아자망 영동진여 파쇄금강 잠천육백 상재아방 집절봉부 여아동유
태상섭아 경천대길창 이십사부 여제성역 옴급급여율영측등

太乙保身經

太上曰 皇天生我 皇地載我 日月助我 星辰暎我 諸仙擧我 司命與我 太乙臨我
玉神度我 三官輔我 五帝佑我 北辰相我 南極佐我 金童侍我 玉女倍我 六甲直我
六丁進我 天門開我 地戶通我 山澤聳我 江河渡我 風雨送我 雷霆順我 八卦遵我
九宮遁我 陰陽從我 五行扶我 四時成我 阿明着我 太淸玄籍 三宮升降 上下往來
无窮不息 金飯玉醬 向口開旨 許範日月 與天爲誓 銀豹星龜 狘雀寶鷲 所求者得
所向者亨 所爲者合 所欲者成 種種變化 與鞱合神 何神不服 何命不行 前有朱雀
後有玄武 左有靑龍 右有白虎 上頂華蓋 下躡魁罡 神通光明 威振十方 愛我者生
惡我者殃 謀我者死 憎我者亡 靈童神女 破碎金剛 三千六百 常在我傍 執節奉符
與我同遊 太上臨我 擎天大吉昌 二十四符 與諸星曆 唵急急如律令嗽等

佛教歌曲 불교가곡

하늘위와하늘아래 / 第一聖人 / 兜率天宮護明菩薩 / 苦海衆生
하늘위와하늘아래 제일성인누구신가 도솔천궁호명보살 고해중생건지려고

迦毗羅國中印度 / 摩耶夫人 / 淨飯王宮誕生 / 甲寅四月八日
가비라국중인도에 마야부인배를빌어 정반왕궁탄생하니 갑인사월파일이라

九龍吐水 / 雙蓮 / 四方七步 / 一手指天一手指地
구룡토수몸을씻고 쌍련솟아발받드러 사방칠보걸으시며 일수지천일수지지

獅子吼 / 天上天下唯我獨尊 / 悉達太子稱號 / 王宮生長十九年
사자후로외친말씀 천상천하유아독존 실달태자칭호로써 왕궁생장십구년에

富貴功名 / 見性成佛 決心 / 夜半踰城 即時 / 雪山
부귀공명뜻이없고 견성성불굳은결심 야반유성그즉시에 설산으로들어가서

袈裟着服 / 出家道人分明 / 迦蘭仙人 / 仙道修行
머리깎고가사착복 출가도인분명하다 가란선인처음만나 선도수행알고보니

福盡墮落虛誕 / 叢木房中 / 眞歸祖師親見
복진타락허탄이라 그자리에하직하고 총목방중찾아들어 진귀조사친견하고

祖宗旨 心得 / 六年苦行 / 明星 擴徹大悟 / 壬午臘月八日
조종지를심득한후 육년고행다시닦아 명성보고확철대오 임오납월파일이라

恒河水 沐浴 / 菩提樹下 / 八十萬 魔軍衆 / 降伏
항하수에목욕하고 보리수하나아가서 팔십만의마군중을 남김없이항복받고

成正覺
성정각이되고보니
虛空神 急
허공신이급히나와
生死苦 解說
생사고를해탈하고
道理
이도리를깨치려면
生老病死
생로병사무엇이며
妄想煩惱 身勢
망상번뇌얽힌신세
八萬藏經說 法
팔만장경설한법과
仔細叮嚀
자세정녕일렀으니
衆生
믿고믿는중생이야
佛敎
허허불교놀랍도다

十號具足世尊
십호구족세존이라
須彌山頂
수미산정북을치며
無爲眞樂受用
무위진락수용하세
跌跏座
부가좌를굳게맺고
生覺
이생각은또무엔고
老死苦
노사고를못면하나
歷代祖師
역대조사가르침이
自覺
어서어서자각하소
錦上添華
금상첨화아니신가
世上 正法流通
온세상에정법유통

優曇鉢華
우담발화꽃이피고
壯 說法
장하시다설법소리
不生不滅妙 眞理
불생불멸묘한진리
脊梁骨
척량골을바로세워
목마를때물생각듯
靈靈不昧 法
영령불매마음법은
마음밖에부처없고
믿지않는사람에도
般若龍船
반야용선잡아타고
國家安寧萬民咸樂
국가안녕만민함락

警世鍾 振動
경세종이진동함에
衆生
우리중생많이들어
사람마다다있으니
默默觀心
묵묵관심하여보소
念念不忘
염념불망잊지마소
生死輪廻相關
생사윤회상관없네
卽時
부처즉시마음이라
佛菩薩 引導
불보살이인도커든
生死大海
생사대해건너보세
泰平
한가지로태평하세

옥추보경(玉樞寶經)

정가 10,000원

판 권
본 사

1982년 11월 10일 발행
2012년 10월 01일 재판발행
2018년 06월 10일 3판 발행

감 수 한국역학연구원
편 저 조 성 우
발행처 출판사 동양서적
경기도 파주시 광탄면 혜음로454번길 18-52
☎ (031) 957-4790
등록번호 110-98-97906
등록일자 2013년 3월 18일

ISBN 979-11-88520-05-3 93220